催收達人の私房書 III

催收常用書狀105例

本書分為「基礎篇」、「行動篇」，除提供「催收前應行準
備工作」、「催收教戰守則」之外，更整理了詳盡完整的書
狀範例，實為從事催收工作者的必備參考書。

呂元璋◎著

謹將此書獻給丈母娘──前豐原家商
教師黃麗如女士，感謝她茹苦含辛的
養大了吾妻王綾嬪及王思賢、王思齊
兩個傑出的內弟。

序言

以查薪狀為例談書狀的進化

　　以往在面臨無擔保債務人的追索時，時常遭遇到一個問題：即使是透過國稅局去申請債務人的財產、所得資料後，由於國稅局所得資料大約有一年半的時間落差，再根據資料去強制執行時，債務人不是已經離職，就是多家債權銀行已在執行扣薪，因此如何合法獲得債務人的最新工作資料，一直是筆者想突破又無法突破的盲點。

　　後來經過學長李崇豪的指點，才發現「強制執行法也是依循當事人進行主義，依強制執行法規定可以向法院聲請向知悉債務人財產狀況之人查詢」，所以我們就聲請法院向勞工保險局查詢債務人的勞保投保狀況。這時候第一個問題產生了：有的法院會准許，有的就不准，比例大概是一半一半，因此改進的重點是要如何提高法院准許的比例？

　　後來有次在研讀司法院民事法律專題研究（十七），其中某研討專題正好與筆者百思不得其解的問題相同，研討結論認為：執行法院對於債權人聲請函查債務人之財產不得拒絕，應依債權人之聲請調查之。真的是爽翻了，我們將例狀做了第一次的修改，把前開研討結論加入證物項，提供給法院做參考，從此法院幾乎每件都會核准。

　　但這時候第二個問題出現了，那就是管轄權的問題，雖然第三人勞保局位在臺北地院轄區，但是我們在向臺北地院聲請強執時卻遭其

拒絕，原因是債務人並非位於臺北地院轄區；於是我們就改向債務人的轄區地院聲請強執，又發生了法院命我們前往閱覽卷宗的狀況，理由是勞保局覆函需要保密，只准閱覽、不得影印，於是我們將例狀做了第二次改良，加入「請將函查結果直接告知，如債務人於 鈞院查無財產，請求換發債權憑證結案。」字樣，也改善了動不動就要派員閱覽卷宗的情形。

後筆者因為參與不良債權買賣的正當性調查（Legal D.D.）而離開了第一線催收工作，在協助針對信用卡不良債權催收建立 SOP 時，才赫然發現筆者創立的方法經過前同仁們的流傳，這種方式已經被許多行庫採用作為制式書狀，而且法院也從善如流，除了接受這種方式之外，亦和勞保局間建立了電子閘門的制度（詳見勞保局覆函），只要透過有權人員進入查詢就可以免除公文往返的時間，這可算是筆者個人對催收流程改良的小小貢獻。

這本書的出版要感謝王秋富前輩、王志揚學長、吳必然學長、王傳賢學長、陳麗如學姐、李宗憲學長、彭志傑學長、侯永福學長、章瑞麟學長及陳振維學長的提攜指點；感謝蔡良靜同學不吝提供案例，另外也要特別感謝玄奘大學講師施建州同學對筆者前書的肯定。

另外要感謝吳律師永發及黃律師廷維二位學長所帶領的永發聯合律師事務所全體同仁在百忙中撥冗幫忙校對稿件，謹致謝忱。

讀者如認本書的案例足供參考或是有心得想分享的，筆者的電子信箱是：alouamc@yahoo.com.tw，歡迎不吝賜教。

催收教戰守則

一、獲悉違約起二十四小時催收動作

 1. 立即電話聯絡客戶上下游租賃同業瞭解概況。

 2. 向主管報告。

 3. 調出檔案做初步研判。

 4. 電致催收法務要求提供諮詢及法務支援。

 5. 親赴客戶公司及工廠。

 6. 清點租售標的及動產抵押物並予噴漆、貼標籤。

 7. 瞭解客戶及保證人現況。

 8. 盡量要求客戶簽署搬遷租售標的同意書。

 9. 如停工、歇業、無續經營實益，應要求搬遷租售標的。

 10.情況緊急時，應留守或搬遷租售標的及動產抵押物。

 11.概定催收方向。

二、違約後的前十日催收動作

 1. 續洽客戶掌握狀況。

 2. 要不敗，第一優先確保標的，第二優先追加擔保品。

 3. 如必要應聲請假扣押、假處分，以保全標的或防止脫產。

 4. 與催收法務密切聯繫。

 5. 再提出簽署同意搬遷租售標的要求。

 6. 銀行及同業催收現況應掌握，但我方現況應適當保留。

7. 調查客戶及保證人資產，調地籍謄本資料。

8. 瞭解租售及動抵物不動產餘值、二手市場。

9. 洽保證人還款。

10.評估再分期償還或斷然強制處分債務人資產。

11.評估客戶提出之清償方案，向客戶提出償還方案。

12.評估可能損失。

三、違約後的前三個月催收動作

1. 密切掌握客戶狀況，續洽客戶、保證人。

2. 辦理強制執行。

3. 辦理強制取回設備。

4. 修正催收方向。

5. 修正分期償還方案。

四、違約後三個月的一般催收工作

1. 續掌握客戶狀況。

2. 執行分期償還方案。

3. 修正分期償還方案。

4. 協助拍賣債務人資產。

目次

第一篇 基礎篇

✏ 第二篇　行動篇

第三篇　附錄

第一篇 基礎篇

1-1 不良案件處理流程圖

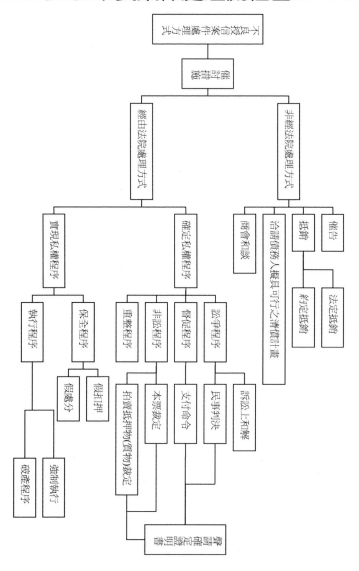

1-2 聲請民事強制執行須知

壹、前提要件：

一、管轄：要執行的財產必須在法院轄區內，才可以向該法院聲請強制執行。

二、要提出下列任一項執行名義的文件：

1. 判決書及其確定證明書。

2. 准予假執行之判決書或准予假扣押、假處分之裁定書。

3. 訴訟上成立的和解或調解書。

4. 公證書（載明可以逕受強制執行者）。

5. 拍賣抵押物或質物的裁定書以及抵押權設定契約書、他項權利證明書、借據或本票、支票。

6. 其他依法律規定，可以強制執行的文件，如支付命令及其確定證明書。

貳、程序：

1. 書寫強制執行聲請狀：司法狀紙可向法院聯合服務處購買。書狀中必須寫明聲請人及債務人現在的住居所，使自己及債務人能收到通知，不要寫空的戶籍地住所。如果無法收到通知，還要進一步查明現在住居所，以便送達。書狀中寫上債權人的電話更好，以便緊急聯繫之用。書狀中要說明聲請強制執行的意旨以及債權數額。

2. 要附送執行名義的文件正本。

3. 繳納執行費：執行費是債權額的千分之八，但執行標的
   金額或價額未滿新臺幣五千元者免繳執行費。繳納處所
   在法院收費處，取得繳款收據。

4. 上列手續辦好後，要將聲請狀、執行名義的文件、執行
   費收據以及郵票，一併送法院收發室即可。

5. 所要查封拍賣的債務人財產，其產權證明文件要附在聲請狀
   中提出來。以後還要導引執行人員到現場查封。

6. 查封以後，民事執行處會委託不動產鑑價公司或建築師
   鑑價（編有輪次表），有時也會委託信用可靠的法人鑑
   價。債權人要先繳鑑價費用。鑑價費也是執行費之一，
   將來優先受償。債權人及債務人對於此項鑑價可以表示
   意見，但僅供法官參考，法官會酌量各種情況定底價。

7. 拍賣日期一定會事先公告於法院公告欄及刊登報紙。刊
   登報紙必須債權人先出錢刊登，登報費也是執行費之
   一，將來優先受償。債權人最好刊登於銷路廣大的日報
   上，使更多人知道前來投標。

8. 拍賣時會公告底價及保證金。投標人應於規定開標時間
   前，用現金（限新臺幣五萬元以下）或同額之臺灣各地
   金融機構（含農、漁會、信用合作社、郵局）以各該高
   雄分支機構（即高雄市票據交換所轄區內之各金融機構）
   為付款人，並指定受款人為「臺灣高雄地方法院」之「劃
   線支票」放入保證金封存袋，（保證金封存袋及投標書
   用紙存放於售狀處免費索取。使用影印者概不予受理）

連同標單投入票匭，由出價最高者得標。得標者必須在一星期內繳足價金，否則保證金要沒收，將來再開標時，低於此價，還要賠償差額。

9. 拍定後如果有優先購買權人，則暫緩繳款，要先詢問優先購買權人是否願意以此價格購買，如果願意，就必須由他購買，拍定人不能承購而應領回保證金。優先購買權人如果不願意承購，才由得標人承購。

參、債權人主導及協力：

1. 民事強制執行的主導人是債權人，法院只是介入公權力，以完成保障債權人的財產權為目的。因此執行程序中，在在需要債權人導引並協力。切勿以為法院應該包辦一切執行程序，置身事外。

2. 債權人所主導的主要事項為查報債務人財產及其使用狀況，如有無出租、出租情況，查封時要導引至現場，陳報債務人地址，如無法送達，要提出債務人戶籍謄本。

3. 外出執行時，法院執行人員一概乘坐法院的公務車，債權人不必另雇車輛或負擔交通費。

4. 在執行程序進行中，債務人只要與債權人和解，由債權人撤回執行，就可終結強制執行程序。如以書狀撤回者，應注意撤回狀上所蓋印章必須與原來強制執行聲請狀相同，否則應附送印鑑證明書或親自前來民事執行處聲請撤回，由書記官記明筆錄。

5. 不動產的拍賣，每股都將當天所要拍賣的案件，同時投標，且集中投入同一標匭。任何人都不知道何人投何標，

標價若干。又當場開標，馬上決定各筆得標人，當場影印標單公告之。任何人都無法圍標、壟斷或勾結。

——摘錄自「高雄地院」宣導文件

1-3 其他查詢債務人住址及財產的方式

1.調公司變更事項登記卡來看地址。

2.退票理由單上之地址。

3.電話的繳費地址。

4.本票上的付款地址。

5.汽機車牌照號碼。

6.調戶籍謄本。

7.請徵信社代為調查。

8.「發現」債務人有刑事犯罪的嫌疑。

1-4 催收前應行準備工作

一、清查債務人財務狀況

1. 向戶政機關請領債務人（自然人）戶籍謄本，查明其住址有無變更，並向有關機構查明有無財產可供執行。

2. 向經濟部縣市政府等有關單位查明各債務人（法人）之營業組織、代表人、登記資本、股東內容、營業所在地有無變更或停止營業情事。

3. 往地政事務所閱覽各債務人持有之不動產（包括提供設定抵押權予本行者）有無變更所有權人、設定他項權利或預告登記，同時從旁調查有無出租或收取押金情事，並估計其現值及擔保餘力。

4. 以商品為擔保者，應查看有無變質及處分之難易，並應重新向其同業爭取估價單，查明市價。

5. 調查各債務人在本單位、聯行、同業及民間之借款及保證等負債總額，估計以其現有資產處理後能否順利收回全部債權。

6. 向票據交換所查詢個人戶或公司戶之發票人或背書人有無拒絕往來紀錄。

二、徵提擔保品／連保人

1. 若經查明借款人營運尚正常，惟因係一時無法償還者，得設法徵取適當擔保品或可靠票據後，報請延期清償或予融資輔導。
2. 未屆清償期之各項放款於借款人財務顯著惡化時，應即洽商借款人提供適當擔保品、可靠票據或增加殷實之保證人。
3. 連帶保證人發生倒閉或宣告破產情事，應洽請借款人另覓資力相當者接替。

三、貸款憑證之整備

　　債務人於本行各營業單位如有存款得依民法第 334 條、第 340 條之規定行使抵銷權，並以郵局存證信函將抵銷意思向其表示（通知）後，隨即辦理債權、債務抵銷手續。

四、分析延滯原因，訂定催收計畫

　　經辦人員應就各不良放款戶之實際情況擔保情形及所蒐集各債務人財產資料，研擬具體清理辦法報請主管核定後積極進行清理，並隨時按時間順序將催收經過扼要登記於「逾期放款催收記錄表」。

1-5 強制執行應行注意事項

◎如強制執行取回標的物時，應先行注意 1.拆卸 2.搬運 3.運送 4.倉儲及 5.買賣等問題；對本公司而言最好的方式為當場點交，以現狀點交的方式本公司即不用再負擔其他費用。（但須注意 TAX 的 Q）

◎強制執行前最好能先行至現場確認標的物所在，及會同協力廠商瞭解需要何種搬運器材以及腳路等問題。

◎如該工廠已斷水斷電時應先行告知協力廠商，俾便其先行準備照明設備及發電設備；但有時須注意是否有須先行函請臺電斷電才能執行的 Q。

◎強制執行時最好原承作 A○能會同到現場，因其最瞭解標的物的所在，能有效縮短與書記官清點標的物的時間。

◎拆卸時，應注意本公司協力廠商是否有完善能力，以○○科技案為例：因該案標的物十分精密，因此在拆卸時請××科技幫忙。

◎搬運時，應注意現場調度及應變能力，以○○企業為例如須長時間搬運時最好能請協力廠商先清點完部份即先開始搬運，因一旦開始搬運後，對造的對抗意志會迅速消失，且會盡速開始與我方協商。

◎運送時，應注意是否有須特殊運送方式，以○○科技案為例：因該案標的物為精密器材不能淋到雨，而執行當日為下細雨天氣，因此應特別準備防水雨布等材料。

◎倉儲時，如要入庫前最好能與倉庫先行聯絡以便確認是否有空間，但最好不要先行告知坪數，而以實際坪數為準；以○○實業為例，該案係以他公司處為免費倉儲地點。且應以路程的遠近決定倉庫，因會帶有意購買者去看貨，有時甚或有 Double Finance 的問題需要釐清。

◎如有須先行開鎖進入的 Q，不要在書記官及員警前說出換鎖以利進出，但可私下進行，執行結束後再行換回。

◎如開始僅聲請執行部份標的物，後於當場聲請追加執行標的時，應注意是否應追繳執行費用的 Q，如初估費用甚鉅，為免法院不繳費即不予執行的困境，最好先行申請費用以利執行。

◎強執取回標的物時，執行費用一般係以標的物現值（即扣除折舊後）計算，但在○○企業案，書記官同意我方以實際債權額計算執行費用。

◎在南部執行時，如對方要求暫緩或改日執行時應特別小心評估，因下次執行時可能會有意外困擾的 Q。

1-6 強制執行實例簡介

一、強制執行之發動

1. 提出強制執行聲請狀，其上記明債權人及債務人之姓名及住居所，聲請強制執行之原因及理由，以及執行標的或執行標的物等。（如有特殊考量最好於狀上一併聲請：EX 聲請地政機關測量、因保存不易聲請直接變賣、夜間執行）

2. 檢附有關執行名義之證明文件。

3. 繳納執行費。（0.8%）

二、強制執行前之準備

1. 何時拜訪→前天／當天

2. 先行確認標的物→EX 停車位編號、機械位置（噴漆）

　　→有無人居住、是否會開門（鎖匠）

　　→是否自住、出租

　　→外觀上有無增建（需否測量）

　　→有無通路以供搬遷

　　→有無拆遷特殊考量（回復原狀）

3. 先與債務人磋商→徵提擔保品／達成協議

　　A 延期清償（展期）。

　　B 徵提擔保品／人。

　　C 代位清償。

D 債權／應收帳款讓與。

E 同意取回標的物。

F 抵銷（大多指金融業扣存款帳戶）。

　　→聲請暫緩／撤回執行→核發債證結案

　　→是否斷水、斷電（需自行準備照明及電力設備）

　　→對方有無誠意解決（研判是否會變卦）

4. 磋商時可察看可供執行財產→EX 有無保險箱、錦鯉

　　→EX 債務人配戴 ROLEX

5. 執行標的物究否為動產→是否需搬遷

　　不動產→聲請測量（土地、增建）

6. 預先安排法院會合點（最好距債務人處所不遠且目標明顯）

7. 債務人如有脫產可能時，可僱請保全人員看守

三、執行計畫

1. 人員（安全及威嚇作用、黑白臉→可在最後一刻協議）、
　車輛

2. 有無需特殊器材（如噴漆等）

3. 有無需專家配合（如特殊財產等）

4. 天候考量（如電子器材不能淋雨）

5. 如已有買主時，最好以當場點交方式進行交易

6. 先行找好鎖匠／搬家公司（如達成協議時費用由債務人支
　付）／存放處所

7. 有無配合作業軟體（光碟、作業手冊）

8. 特殊考量：

A 債務人有無積欠地下錢莊款項（趁對方未出面阻攔時先行搬遷）

B 如雞隻執行時因保存不易聲請直接變賣

四、強制執行

1. 攜帶委任狀報到（未報到二次視同撤回）

2. 告知會合點（最好以繪圖方式表示）

3. 跟書記官要手機電話以便聯絡

4. ASK 案件排定時程及會合時間

5. 通知警察到場（需準備誤餐費及簽收單）

五、如何扮演好稱職催收人員角色

1. 釐清本案催收重點所在，即如何才能讓對造感到痛、促使其還債。→與 AO 討論／看徵信 CA

2. 釐清對造倒債的原因，確認其惡意／經營不善。

3. 熟知各種強執技巧、據理力爭（如併付拍賣、載明筆錄）

4. 多方嘗試、吸收新資訊

1-7 特殊動產的執行

一、已發行經簽證之股份有限公司股票之執行

　1. 股份有限公司已否發行股票不明者，應命債權人查明陳報
　　已否發行股票或依職權函主管機關查詢。

　2. 已上市、上櫃之股份有限公司之集中保管股票，債權人如
　　未能提供債務人係於何家證券公司買賣股票時，可函請臺
　　灣證券集中保管股份有限公司查明後，向該第三人證券公
　　司發扣押令。

　3. 非集中保管之股票，可至債務人可能存放股票之處所為查
　　封扣押，或命債務人交出。債務人不遵命交出而可認有隱
　　匿或處分之情事者，得依本法 22 I -3/22 II 為拘提管收。

　4. 執行人員未能實際將股票查封，則無從繼續執行鑑價拍
　　賣。如已將股票查封，則可為鑑價拍賣。查封之股票係已
　　上市或上櫃者，應委託證券經紀商變賣之；如係未上市、
　　上櫃者，則由法院依動產拍賣程序辦理。

　5. 股票經拍定交付拍定人後，執行程序即為終結，與對有限
　　公司股東出資之執行程序不同，執行法院無需通知主管機
　　關就該公司章程內股東姓名、住居所、出資額等逐為變更
　　登記。

二、銀行定期存單執行

此與前述股票之執行同，如係可轉讓定期存單，需實際扣押占有該等有價證券後，始得拍賣。但如存單係不可轉讓，則其性質僅係定期存款之憑證，應依本法 115 條對於其他財產權之執行程序處理（高院 73 年法律座談會民執類第 11 號）

三、公債之執行

1. 對實體公債之執行與前述對股票之執行同，需實際扣押占有債券後，始得拍賣。

2. 對無實體公債（即中央登錄債券）之執行，依本法 115 I 規定對該債券登錄之代理國庫銀行核發扣押命令，再函請代理國庫銀行將債券變現解交執行法院。其作業程序參考中央登錄公債作業要點。

四、查封之有價證券，執行法院認為適當時，得不經拍賣程序，準用 115 至 117 條規定處理之。（強 60 之 1）

五、債務人投資共同基金取得之「信託憑證」，非屬有價證券，應依本法第 115 條之規定辦理。

六、置於銀行保管箱內貴重物品之執行

1. 保管箱內之貴重物品仍屬動產，而查封動產時應作成查封筆錄，記載動產所在地、種類、數量品、質等事項，自應將保管箱開啟將其內物品查封，不得僅將封條貼於保管箱外。（強 54）

2. 銀行保管箱係債務人所承租，執行法院自得加以檢查、啟視。又查封本旨即帶有強制性質，執行法院得命銀行交出

鑰匙開啟或請專家開啟，均無不可（高院 73 年法律座談會
民執類 19 號）

七、百貨公司、五金行、雜貨店、超級市場等之執行

　　　債務人如經營百貨商店等，而債權人請求貴該行號內
物品為執行時，應命債權人備妥大型紙箱、車輛等，於查
封時命債權人將同型物品分別一一裝箱封口，封條註明每
箱查封物品之種類、數量等，交債權人或債務人保管後再
予定期拍賣，如為易腐敗之食物等，可依市價當場變賣。
商號收銀機或抽屜內之現金，如無參與分配者，亦得當場
點清交付債權人簽收，並記明查封筆錄。

八、豬牛羊牲畜之執行

1. 債權人請求查封債務人所有之豬牛羊等家畜為執行時，應
命債權人備妥烙印、車輛等。查封時如債務人願飼養保管，
得交付債務人保管，以烙印方式烙於豬牛羊身體，或命債
務人將牲畜集中圈圍，封條載明牲畜種類、數量等後黏貼
於圈圍之處所。

2. 債務人如不願飼養保管，債權人飼養保管又有事實上困難
不便時，執行人員得勸諭或依職權不經拍賣程序予以變
賣。尤以假扣押執行時，為免遷延時日更生糾紛，尤應訊
與拍賣或變賣提存價金。如查封數量不多，可事先只是債
權人於查封日帶同商販到場，並備妥當日該牲畜市價之資
料，以便查封後即在現場實施變賣。（強 134）

3. 查封之牲畜數量甚多時，得發函委請當地農會或家畜市場實施變賣。執行人員宜先備妥裝載車輛技術工人以便運送入場拍賣，並應始終在場處理監督。

九、雞鴨等家禽及魚蝦蔬果之執行

1. 與上項執行方法同，可委請當地農會、合作社、家畜市場、魚蝦批發市場、果菜市場為拍賣，或直接邀集商販依當日市價於查封現場變賣。

2. 查封之雞鴨甚多時，固無法逐一標封，惟放置特定鴨寮，加以蓋有法院大印之封條，亦不失為法定之標封。

十、蘭花、盆栽等植物之執行

1. 查封種類之蘭花盆栽因需相當技術，宜由債務人繼續種植保管。惟為避免遭調換，除命其出具保管切結外，應詳為載明查封之種類、數目、植物特徵等，並予以拍照存卷。

2. 如債務人不願種植，債權人亦無法種植，可視情形逕予送至轄區內之花卉市場拍賣（可先與當地農會、國蘭協會等聯繫準備拍賣事宜）；或暫先指定債務人為保管人，將查封之花卉留置現場，回院後立即函請國蘭協會或專門人員至現場鑑價並囑債權人繳鑑價費用後，依職權予以變賣；或委請國蘭協會、花卉市場等為拍賣。

1-8 對付脫產的方式

一、脫產方式介紹

　　基本上脫產的方式，大約分成合法假債權，或者是用移轉產權等方式，要脫產成功亦需依照一定的法律關係進行，比如說：設定抵押權是利用民法上物權關係，假買賣是民法上買賣關係，或訂立不定期租賃關係等。

　　債務人對不動產之脫產，一為設定抵押權，通常會用親戚的名義來設定假債權。二為訂立不定期租賃契約。三移轉產權，通常會用贈與或假買賣的方式，將產權過戶。當然亦有可能真的將不動產變賣予第三人。

二、破解脫產方式介紹

　　通常破解此種假債權的方式通常係以其資金往來情形作為破解關鍵，如果如能將其認定係「無償行為」，則依民法 244 I 規定破解極為容易，何種方式可被認定係無償行為：1.贈與，2.依遺產及贈與稅法規定二親等間之交易視為贈與，3.依遺產及贈與稅法規定不相等對價視為贈與，4.為已存在之債權提供擔保，被最高法院認為係無償行為。

　　至於如何檢視資金往來關係，例如不動產買賣，一方買一方賣，有契稅、付訂簽印、尾款交屋等過程，每個過程都有資金流動，不是只要簽訂契約就算。

　　另種有效工具為擴大打擊面：「將配合脫產者列為被告，提起民刑事告訴」，因一、肯配合脫產者，多半與債務人有密切關係；二、配合脫產者可能亦有財產，可以配合先對其假扣押，以迫其盡速達成和解；三、配合脫產者在民事上構成共同侵權行為，負連帶損害賠償責任；四、可能亦構成刑事上共同詐欺或偽造文書等罪責；五、一般配合脫產者，大多料不到自己竟然也會被拖下水，在面對債權人時力主和解的機率高達 90%以上。

　　但切記，配合脫產者亦有可能自己亦脫產，且為避免法律關係複雜化，一定要在發動前先行配合假扣押（配合脫產者資產）及假處分（該被移轉或設定負擔資產），以免撤銷之訴打贏了，又面臨無物可執行之窘境。

第二篇　行動篇

2-1 制式催收函

(1)制式函 1

外訪函或現場留函範本

○○○○公司外訪留函

受　文　者：　　　先生／女士

主　　　旨：請於文到○日內（視各銀行需要自行訂定）悉數清
　　　　　　償　臺端積欠○○公司之款項，請　查照辦理。

說　　　明：

一、本公司受○○銀行委託處理逾期帳款催收事宜。

二、臺端前與○○間存有（產品別、卡號、貸放帳號等，
　　末四碼隱藏）債權債務關係，迄今尚有新臺幣○○
　　○○○元整仍未清償（未含其他依契約得計入之應
　　付款項），嗣經屢次催討，惟均未獲置理。

三、本公司特派員前來　臺端住所訪視未遇，特留函告
　　知，請　臺端於見到本函○日內（視各銀行需要自
　　行訂定）悉數清償上揭款項，或電洽本公司專員洽
　　商還款事宜，以免訟累，幸勿自誤為禱。

○○○○公司

聯絡人：《催收人員外稱》　電話：《號碼》

＊來電一律保密＊

○○○○銀行申訴電話：

○○○○公司申訴電話：

中　華　民　國　○　年　○　月　○　日

(2)制式函 2

強制執行（預告）通知函範本

受　文　者：　　　先生／女士

主　　　旨：請於文到〇日（視各銀行需要自行訂定）內悉數清
　　　　　　償　臺端積欠〇〇銀行之款項，請　查照。

說　　　明：

一、本公司受《銀行全名》委託處理逾期帳款催收相關
　　事宜。

二、臺端前與《銀行全名》間存有（《產品種類》《帳
　　卡號顯示》）債權債務關係，迄今尚有《催收金額
　　國字》元整仍未清償（未含其他依契約得計入之應
　　付款項），嗣經屢次通知，惟均未獲置理。

三、為此函告　臺端速於文到〇日（視各銀行需要自行
　　訂定）內悉數清償上揭款項，或電洽本公司專員洽
　　商還款事宜，逾期《銀行全名》將聲請法院進行相
　　關司法程序。屆時所產生之訴訟費用等亦將依法由
　　敗訴或受執行之一方負擔，特此告知，幸勿自誤為禱。

《公司名稱》

聯絡人：《催收人員外稱》　電話：《公司電話》　分機《分機》

＊來電一律保密＊

《公司名稱》申訴電話：

《銀行名稱》申訴電話：

中　華　民　國　○　年　○　月　○　日

(3)制式函 3

違約提醒還款或催繳函範本

受 文 者：　　　　先生／女士

主　　　旨：為通知　台端所積欠○○銀行之《產品種類》帳款，該筆帳款現已委託【○○公司】處理，特此通知詳如說明，請　查照！

說　　　明：

一、○○公司茲受○○銀行委託處理帳款催收事宜，茲因　台端所積欠該銀行之帳款迄未清償，為此通知　台端，本公司為體察　台端困境，願意提供必要之協助，向銀行協商爭取最優惠之還款條件，請　台端儘速出面與本公司連絡，以利進行協商。

二、台端積欠上述帳款之違約事實，已依規定列入聯合徵信中心之信用資料庫記錄內，此將影響　台端日後與金融機構之往來信用記錄。

三、現今債權銀行已提供債務協商方案，只要　台端願意勇敢的面對問題，本公司專業的團隊，將針對　台端目前所面臨的問題，幫　台端規劃還款計劃，給予　台端專案的建議，相信　台端必能重啟人生的希望。

四、為保障　台端權益，請　台端儘速來電與本案承辦
　　人員商洽還款事宜，以獲重生。

五、台端如遇本公司不當催收，可撥打申訴專線：
　　xxxx-xxx-xxx，本公司當儘速為　台端解決。

《公司名稱》
聯絡人：《催收人員外稱》　電話：《公司電話》　分機《分機》
＊來電一律保密＊
《公司名稱》申訴電話：
《銀行名稱》申訴電話：

中　華　民　國　○　年　○　月　○　日

(4)制式函 4

違約提醒還款或催繳函範本

○○先生／女士

　　本公司接受○○銀行的委託，處理信用卡逾期未繳帳款之催收事宜。

　　本公司於日前接獲委託處理您的案件，發現您積欠之信用卡帳款已逾期多時，對於此筆帳款，銀行得就本金計算循環信用利息，如您未能立即處理將增加您的債務負擔。

　　相信您或有不得已的原因導致積欠此帳款許久無法清償，也期望您在能力範圍內盡速處理帳款，以避免心理或法律上負擔。

　　請立即與我們聯絡，讓我們瞭解您處理的誠意以及目前的經濟狀況，我們將為您盡力爭取合理利息減免機會，讓您不再為積欠帳款而內心不安，您也不會繼續接到銀行或受託單位的催繳通知或電話。

　　請您於接到此信後盡速與我們聯絡，我們將盡可能依您的個別情況，協助您盡快擺脫惱人的債務問題。

　　請現在就致電○○○○○○○找您的專屬承辦人員（○○○），我們將於第一時間為您服務。

《公司名稱》

＊來電一律保密＊

《公司名稱》申訴電話：

《銀行名稱》申訴電話：

中　華　民　國　○　年　○　月　○　日

(5)制式函 5

違約提醒還款或催繳函範本

《債務人》〔《身分證字號顯示隱藏末四碼》〕　　　先生／小姐，您好！

　　本公司受〇〇銀行委託，承辦　臺端積欠（產品別）帳款之案件（迄今共計新臺幣〇〇〇〇元，未含其他依契約得計入之應付款項）。相信您一定知道這與您切身相關，〇〇銀行已經不只一次試圖與您聯繫，並請您出面解決此一帳款。其實，接到您的案件，本公司的想法是希望可以用什麼方式協助您解決此一問題。

　　欠債還錢是天經地義的事，不可能不還，如果沒有還，除了信用破產長期不能回復之外，難免要面對持續的催收程序及各項法律訴訟程序困擾。避不見面或不處理，只會使問題更嚴重、更複雜，不能解決事情；而利息、違約金、訴訟費用等不斷的增加，以後將更增加您的負擔及處理難度，困擾將無法停止。

　　為了協助您免除遭受上述困擾，並早日回復信用，本公司將有效的協助您處理債務，還清欠款，使您早日回復信用，重新回復正常生活。只要您誠意配合，跨出第一步與本公司聯絡，本公司願意盡全力幫助您，規劃一合理且符合現狀的還款方式，協助您真正的「處理」而不是「躲避」欠款問題。

　　只要您與本公司聯絡，本公司一定盡全力幫助您。

○○○○公司

聯絡人：《催收人員外稱》

電話：《催收人員電話號碼》

＊來電一律保密＊

《公司名稱》申訴電話：

《銀行名稱》申訴電話：

中　華　民　國　○　年　○　月　○　日

(6)制式函 6

違約提醒還款或催繳函範本

○○○先生／女士

本事務所受《銀行全名》委託，辦理您積欠該行之《產品種類》帳款，金額為《催收金額國字》。

利息及違約金每日都在增加中，尚不包括法律程序費用。

債務若不解決，不會憑空消失。在循環利息及違約金的計算下，金額的數字只會來愈來愈大，接下來的負擔會愈來愈重。這並非雙方所樂見。

請瞭解以下程序：若債務不解決，就可依法律程序辦理。除增加您的費用負擔外，最終到民事執行處進行強制執行程序。逃避不是辦法，會持續影響你今後生活及工作。

您的案件現由本事務所《催收人員外稱》承辦（電話：《公司電話》轉分機《分機》）。您有什麼困難，我們會替你向銀行反應，尋求解決。

請於民國（○○日期）前來電聯絡，否則依法請法院辦理。希勿自誤。

《事務所名稱》
＊來電一律保密＊

＊《事務所名稱》申訴電話：

《銀行名稱》申訴電話：

中　華　民　國　○　年　○　月　○　日

(7)制式函 7

違約提醒還款或催繳函範本

《債務人》先生／小姐，您好！

　　本公司受《銀行全名》委託，承辦您積欠《產品種類》帳款之案件（迄今共計《催收金額國字》，未含其他依契約得計入之應付款項）。相信您一定知道這與您切身相關，《銀行全名》已經不只一次試圖與您聯繫，並請您出面解決此一帳款。其實，接到您的案件，本公司的想法是希望可以用什麼方式協助您解決此一問題。

　　欠債還錢是天經地義的事，不可能不還，如果沒有還，除了信用破產長期不能回復之外，難免要面對持續的催收程序及各項法律訴訟程序困擾。避不見面或不處理，只會使問題更嚴重、更複雜，不能解決事情；而利息、違約金、訴訟費用等不斷的增加，以後將更難處理，困擾將無法停止。

　　為了協助您免除遭受上述困擾，並早日回復信用，本公司將有效的協助您處理債務，還清欠款，使您早日回復信用，重新回復正常生活。只要您誠意配合，跨出第一步與本公司聯絡，本公司願意盡全力幫助您，規劃一合理且符合現狀的還款方式，協助您真正的「處理」而不是「躲避」欠款問題。

　　只要您與本公司聯絡，本公司一定盡全力幫助您。

《公司名稱》

聯絡人：《催收人員外稱》　電話：《公司電話》　分機《分機》

＊來電一律保密＊

《公司名稱》申訴電話：

《銀行名稱》申訴電話：

中　華　民　國　○　年　○　月　○　日

(8)制式函 8

違約提醒還款或催繳函範本

受 文 者：　　　先生／女士

主　　　旨：請於文到○日（視各銀行需要自行訂定）內悉數清
　　　　　　償　臺端積欠○○銀行之款項，請　查照。

說　　　明：

一、本公司受○○商業銀行委託處理逾期帳款催收事宜。

二、臺端前與○○商業銀行間存有（產品別、卡號、貸
　　放帳號等，末四碼隱藏）債權債務關係，迄今尚有
　　新臺幣○○○○元整仍未清償（未含其他依契約得
　　計入之應付款項），嗣經屢次催討，惟均未獲置理。

三、為此代為函告　臺端速於文到○日（視各銀行需要
　　自行訂定）內悉數清償上揭款項，或電洽本公司專
　　員洽商還款事宜，以免訟累，幸勿自誤為禱。

○○○○公司

聯絡人：《催收人員外稱》

電話：《催收人員號碼》

＊來電一律保密＊

《公司名稱》申訴電話：

《銀行名稱》申訴電話：

中　華　民　國　○　年　○　月　○　日

(9)制式函 9

違約提醒還款或催繳函範本

受 文 者：　　　先生／女士

主　　　旨：請於文到○日（依各銀行個案需要自行訂定）內悉
　　　　　　數清償　臺端積欠○○銀行之款項，請查照。

說　　　明：

一、臺端前與《銀行全名》間存有(《產品種類》＿＿＿＿)
　　債權債務關係，迄今尚有《委託金額》元整仍未清
　　償（未含其他依契約得計入之應付款項），嗣經屢
　　次通知，惟均未獲置理。今○○銀行委託本公司代
　　為辦理催收事宜。

二、為此代為函告　臺端速於文到○日（依各銀行個案
　　需要自行訂定）內悉數清償上揭款項，或電洽本公
　　司專員洽商還款事宜，否則本公司將建議《銀行全
　　名》對　臺端進行相關法律程序，特此告知，幸勿
　　自誤為禱。

○○○○公司（委外公司名稱）

聯絡人：《催收人員外稱》　　電話：《公司電話》　分機《分機》

＊來電一律保密＊

《銀行名稱》申訴電話：

《公司名稱》申訴電話：

中　華　民　國　○　年　○　月　○　日

(10)制式函 10

違約提醒還款或催繳函範本

受 文 者：　　　先生／女士

主　　　旨：○○○○資產管理股份有限公司茲受○○○○銀行委任，代為催請　臺端清償○○欠款，請　查照。

說　　　明：

一、緣本公司受○○○○銀行委託辦理　臺端償務催收等業務，茲特函告知相關還款事宜，截至民國○○年○○月○○日止，　臺端尚欠之債務金額計《催收金額國字》未繳納，請於文到○日內清償所積欠之款項，逾時債權銀行將依法訴追　臺端依法應負之責任。

二、為保障　臺端權益，請　臺端盡速繳款，或來電與本案承辦專員《催收人員外稱》聯絡電話《公司電話》（分機：《分機》）協商還款事宜，以免訟累。

三、臺端如就上述繳款方式與帳號有任何疑問，請逕洽本案專員或直接撥打○○○○銀行客服專線○○○○○轉○○○先生／小姐（分機○○○）。

《公司名稱》
＊來電一律保密＊
《公司名稱》申訴電話：
《銀行名稱》申訴電話：

中　華　民　國　○　年　○　月　○　日

2-2 發函

(1)沒收履保函

檔　　號：
保存年限：

○○股份有限公司　書函

連絡地址：231 臺北縣○○市○○路○號○樓
承辦人及電話：○○○（02）8919-××××

受　文　者：○○國際商業銀行○○分行
發文日期：中華民國　　年　　月　　日
發文字號：　　字第　　　　　號
速　　別：
密等及解密條件：
附　　件：
主　　旨：通知　貴分行請依履約保證金連帶保證書給付保證
　　　　　金乙事，請　惠予辦理並見復。

　　說明：一、貴分行 96.08.11 開立履約保證金連帶保證
　　　　　　　書，擔保○○營造有限公司承攬本公司之○
　　　　　　　○新建工程契約之履行，查○○公司未經本
　　　　　　　公司同意逕於 96.11.05 退場業已違反契約規
　　　　　　　定，而認係該當不發還履約保證金之情事。
　　　　　二、現依前開保證書第二條規定以書面通知　貴
　　　　　　　分行，請將履約保證金 NT$5,900,000 逕自匯
　　　　　　　入 本 公 司 上 海 銀 行 ○ ○ 分 行 帳 戶
　　　　　　　291010000026×。

正　　本：○○國際商業銀行○○分行
副　　本：

　　　　　　　~公司條戳~

(2)行使質權函

檔　　號：

保存年限：

○○股份有限公司　函

連絡地址：231 臺北縣○○市○○路○號○樓

承辦人及電話：○○○（02）8919-5239

受 文 者：○○銀行○○分行

發文日期：中華民國 96 年 11 月 27 日

發文字號：○管字第 0960××××號

速　　別：

密等及解密條件：

附　　件：

主　　旨：茲因更換本公司印鑑式樣及實行質權，請　查照。

說　　明：

一、前　貴行客戶○○○提供定存單（號碼：DG107403×）
　　　質押予本公司作為擔保，經　貴行以 92.02.18○字第
　　　18 號函答覆辦妥質權設定。

二、現因該戶已發生違約情事，本公司將對前開存單實
　　行質權，但因本公司業已更換負責人，恐與原留存
　　印鑑不符，特檢附本公司變更事項登記卡乙份（正
　　本驗畢後請擲還），惠請辦理更換印鑑式樣手續。

三、現特委任本公司職員○○○先生（身分證字號：
　　A121345××××）辦理實行質權手續。

四、請將實行質權後款項逕自匯入本公司於○○銀行○○
　　分行 5203031859×××號帳戶。

正本：○○銀行○○分行
副本：

~公司條戳~

(3)查明扣押函

檔　　號：

保存年限：

○○股份有限公司　書函

連絡地址：231 臺北縣○○市○○路 50 號 9 樓

承辦人及電話：○○○（02）8919-5239

受　文　者：○○工業股份有限公司

發文日期：中華民國　　年　　月　　日

發文字號：　　字第　　　　號

速　　別：

密等及解密條件：

附　　件：如文

主　　旨：請說明臺中地院 95 年執全助 14×號假扣押案辦理
　　　　　情形，懇請　惠辦並見復。

說　　明：

　　　一、本公司為○○科技股份有限公司之債權人，且業經
　　　　　士林地方法院核發債權憑證在案，合先敘明。

二、但前經臺中地方法院來函（附件）：略謂　貴公司
　　並未回復有無扣押。

三、現為查清有無續行追索必要，特函請　貴公司惠予
　　說明。如　貴公司未理會法院查扣命令而續動撥款
　　項，恐有該當刑法第 139 條違背查封效力罪疑慮，
　　敬請諒查。

正本：○○工業股份有限公司
副本：

~公司條戳~

(4)收取扣押薪資函

○○股份有限公司　書函

連絡地址：231 臺北縣○○市○○路○號○樓

承辦人及電話：○○○（02）8919-××××#××××

受 文 者：○○科技股份有限公司

發文日期：中華民國 97 年○月○日

發文字號：　　　　　　字第號

速　　別：

密等及解密條件：

附　　件：如文

主　　旨：為依法收取○○○薪資款項債權乙事，請　惠予配合。

說　　明：

一、本公司前經桃園地院核發 97 年司執字第×××××號移轉命令，針對債務人○○○（身分證字號：T12345678×）對　貴公司之各項勞務報酬於三分之一範圍內，准許本公司逕向　貴公司為收取。

二、現檢附本公司上海商銀新店分行存摺影本乙份，請貴公司　惠予依法將前開款項逕自匯入該帳戶，需

配合事項請洽經辦○專員（02）8919-××××*×
×××，請查照。

正本：○○科技股份有限公司

副本：

~公司條戳~

(5)通知扣薪函

○○股份有限公司　函

受 文 者：○○管理局

發文日期：中華民國九十六年三月十四日

附　　件：如文

主　　旨：為通知債權移轉乙事，請惠予配合並見復。

說　　明：

一、○○商業銀行對林○○（A12345678×）所有之債權，業已依法移轉予本公司〈附件一〉。

二、前開債權業經臺灣臺北地方法院以臺北 94 執午字 1234×號核發移轉命令在案，且臺北地院表示「逕向第三人（即　貴局）表示」即可（附件二）。

三、現以此函通知　貴公司前開債權移轉情事，請將後續款項逕自匯入本公司帳戶（合作金庫○○分行 517171761600×／○○（股）公司），如有任何配合事項請與（04）2706-××××經辦黃專員聯繫。

董事長○○○

(6)債權讓與律師函

○○律師事務所函

受 文 者：君 ID：＿＿＿＿）　地址：　臺中市○○路○號○樓

發文日期：中華民國九十六年　電話：　04-2706-××××

　　　　　十二月二十七日

主　　旨：為代通知○○銀行對　貴戶債權業已移轉予○○
　　　　　（股）公司乙事，請盡速協調為禱。

說　　明：

　　　　　　　本所客戶○○（股）公司來所委稱：「貴戶所
　　　　　積欠○○銀行之現金卡債權業已依法移轉予○○
　　　　　（股）公司，特函通知前開債權移轉情事，如　貴
　　　　　方於函到二月內出面協調清償○○（股）公司願提
　　　　　供優惠折扣，若　貴方仍置之不理將委請本所人員
　　　　　親自登門拜訪共同謀求解決方案」，合代發函如上。

　　　　　　　　　　　　　　　　　　律師　○○○

(7)督促出面函

檔　　號：

保存年限：

○○股份有限公司　書函

連絡地址：231 臺北縣○○市○○路○號○樓

承辦人及電話：○○○（02）8919-××××

受 文 者：○○公司

發文日期：中華民國　　年　　月　　日

發文字號：　　　　　　　　　字第號

速　　別：

密等及解密條件：

附　　件：

主　　旨：請　貴公司督促○○工程（股）公司出面解決本公
　　　　　司債務乙事，請　惠予辦理。

說　　明：

一、貴公司前協同○○工程（股）公司開立本票○紙，
　　面額共計新臺幣○○元，合先敘明。

二、○○工程（股）公司開立予本公司之工程款支票乙
紙（NT$2,813,420）業遭退票，本公司現正依循法
律途徑進行追索。

三、貴公司既為○○工程（股）公司之友好同業，懇請
督促該公司盡速出面與本公司協商解決債務。

正本：○○公司

副本：

~公司條戳~

(8)通知行使贖回權函

○○股份有限公司　函

受 文 者：○○股份有限公司

發文日期：中華民國九十一年六月二十日

發文字號：（91）中法字第 0620 號

附　　件：

機關地址：臺北市○○路○號○樓

電　　話：（02）2711-××××

傳　　真：（02）2781-7861

承辦部門：法務專員　分機 305

主　　旨：通知貴公司盡速依法行使回贖權，請查照。

說　　明：

一、依動產擔保交易法規定辦理。

二、貴公司前於 89.07 與本公司簽立附條件買賣契約，並經經
　　濟部工業局以工（中）附第×××××號登記在案，現
　　因　貴公司無力繳納分期價金，本公司現已依法行使取
　　回權，特函通知　貴公司依法行使回贖權，否本公司即
　　將前開標的物出售，如有不足將繼續向　貴公司追償。

董事長○○○

(9)函查建號

檔　　　號：

保存年限：

○○股份有限公司　書函

連絡地址：231 臺北縣○○市○○路○號○樓

承辦人及電話：○○○（02）8919-××××

受　文　者：○○市政府地政處○○事務所

發文日期：中華民國　　　年　　　月　　　日

發文字號：　　　　　　　　　　字第號

速　　　別：

密等及解密條件：

附　　　件：如文

主　　　旨：本公司因業務需要，謹向　貴所查詢轄區內所有權
　　　　　　人○○○（身分證字號：A12345678×）房屋座落於
　　　　　　○○市○○區○○巷 1 之 1 號之建號，惠予辦理並
　　　　　　見復。

說　　　明：

　　　　　　謹檢附利害關係證明文件：

一、高雄地院〇〇年促字第×××××支付命令及確定
　　證明書影本各乙份。

二、財政部〇〇市國稅局歸戶財產查詢清單影本乙份。

正本：〇〇市政府地政處〇〇事務所

副本：

~公司條戳~

(10)感謝函

檔　　號：
保存年限：

○○股份有限公司　書函

連絡地址：231 臺北縣○○市○○路○號○樓
承辦人及電話：○○○（02）8919-××××

受 文 者：○○塑膠股份有限公司
發文日期：中華民國　　年　　月　　日
發文字號：　　　　　　　　字第號
速　　別：
密等及解密條件：
附　　件：
主　　旨：為　貴公司配合本公司對○○公司強制執行事件，
　　　　　敬致謝忱。
說　　明：
　　　　一、本公司與債務人○○公司強制執行事件業經臺灣○
　　　　　○地方法院以八十八年執字第××××號受理在

案，並經臺灣臺南地方法院通知於八十九年九月四日執行。

二、孰知○○公司廠房已業經　貴公司拍定，承　貴公司惠予配合本公司方得順利取出貳部射出機，特以此函敬表本公司謝忱。

正本：○○塑膠股份有限公司

副本：

~公司條戳~

(11)觀光局函

檔　　號：

保存年限：

○○股份有限公司　書函

連絡地址：231 臺北縣○○市○○路○號○樓

承辦人及電話：○○○（02）8919-××××

受　文　者：交通部觀光局

發文日期：中華民國　　年　　月　　日

發文字號：　　　　　　　字第號

速　　別：

密等及解密條件：

附　　件：

主　　旨：為申請協助本公司處理八十四年元宵燈會主燈，俾
　　　　　便保存深具歷史及觀光意義文物事。

說　　明：

一、本公司前以附條件買賣方式將八十四年元宵燈會主
　　燈（金嘟嘟）出售予○○實業股份有限公司，現該燈
　　會主燈置放於彰化縣花壇鄉○○路××號（即○○○

○○內），前開契約並經經濟部工業局以 89.09.06 工
（中）附字××××號登記在案，於分期價金繳納完畢
前本公司依法仍為該燈會主燈之所有人。

二、現因○○實業股份有限公司業無法繳納分期價金已
該當違約條款，本公司意欲行使取回權將前開主燈
取回後自行出售，但因該標的係八十四年元宵燈會
主燈深具歷史及觀光意義，倘處理不當恐對無法彌
補傷害。

三、現特函請　貴局協助本公司對此珍貴文物代為函詢
各大風景名勝管理區或遊樂場其承買意願，若有意購
買者請逕洽經辦 02-2711-××××*AAA　　×先生。

正本：交通部觀光局
副本：

~公司條戳~

(12)請依判決給付款項函

○○股份有限公司　書函

連絡地址：231 臺北縣新店市○○路○號○樓
承辦人及電話：○○○（02）8919-××××××××

受　文　者：○○有限公司
發文日期：中華民國 98 年○月○日
發文字號：　　　　　　字第號
速　　　別：
密等及解密條件：
附　　　件：
主　　　旨：請　貴公司依判決給付款項乙事，惠請辦理並見復。
說　　　明：

一、依臺灣板橋地方法院 95 年建字第○○號判決辦理。

二、前開判決命　貴公司應給付本公司新臺幣壹拾玖萬
貳仟參佰參拾捌元及利息，否本公司得依法聲請強
制執行。

三、現以此函催告　貴公司限於函到五日內將前開款
項匯入本公司上海商業儲蓄銀行○○分行帳戶，

帳號 2910100000××××，否本公司即依法聲請強制執行。

正本：○○有限公司

~公司條戳~

2-3 存證信函

(1)如何寄發存證信函

存證信函

●說明

　　各類掛號信函交寄時，以內容完全相同之副本留存郵局
被作證據者，稱為存證信函。

●交寄

1. 存證信函用紙，請向郵局洽購，如使用電腦自製者，其項
目及印就之文字應與郵局售製者完全相同，紙張尺寸可用
A4 紙，此外，存證信函用紙電子檔格式可從臺灣郵政網站
下載，網址如下：http://www.post.gov.tw/download.htm→「便
民服務區」點選「下載專區」→「存證信函格式」。

2. 書寫存證信函限用本國文字，每格限寫一字，數及外國人
名或事物名稱須引用原文者，得以外國文字書寫。

3. 存證信函內文字如有塗改增刪，應於備註欄內註明，並由
寄件人簽章，惟每頁塗改增刪不得逾二十字，

4. 存證信函應由寄件人以書寫、複寫、打字或影印，製作成
一式三份（正本一份、副本二份）並簽名或蓋章。收件人
如為二人以上依增加人數增製副本。

5. 存證信函之正本與副本內容必須完全相同，正本具有附件者，副本亦須具備，如無法製備者，應以照片或影本代替。

6. 存證信函如同時交寄二件以上其內容完全相同，僅收件人名、地址不同者，得做成副本二份，並將各收件人姓名、地址另紙聯記一併交付郵局。

●查閱

1. 存證信函存局之副本，在三年保存期間內，寄件人得交驗原執據，申請查閱或另具副本申請證明。

2. 申請查閱或申請證明者，按申請時現行存證費半數交付查閱費或證明費。

●資費

單位：新臺幣元

存證信函存證費	首頁	五十元
	續頁每頁或附件每張	二十五元

摘錄自臺灣郵政（股）公司所編用郵手冊 P64-65

(2)沒收履保存函

郵局存證信函用紙

副本	正本						

	郵 局 存證信函第　　　　號	一、寄件人	姓名：○○股份有限公司　　負責人：○○○　印
	郵 局		詳細地址：臺北市文山區○○路○○號○樓
		二、收件人	姓名：○○國際商業銀行○○分行
		副 本	詳細地址：臺中市○○路○號
		三、收件人	姓名：
			詳細地址：
			(本欄姓名、地址不敷填寫時，請另紙聯記)

格\行	1	2	3	4	5	6	7	8	9	10	11	12	13	14	15	16	17	18	19	20
一	敬	啟	者	：																
二		臺	端	前	為	○	○	營	造	有	限	公	司	得	標	本	公	司	○	○
三	○	風	景	區	○	○	處	理	廠	等	相	關	工	程	，	於	9	6 .	0 8	. 1 1
四	簽	立	履	約	保	證	金	連	帶	保	證	書	乙	紙	（	如	附	件	）	，
五	現	依	該	書	第	二	條	規	定	以	書	面	通	知		貴	公	司	請	將
六	保	證	款	項	新	臺	幣	五	百	九	十	萬	元	逕	自	撥	入	本	公	司
七	○	○	銀	行	○	○	分	行	帳	戶	，	（	帳	號	：	2 9	1 0	1 0 0 0	0 0 0 2	× ×
八	×	×	）	，	如	有	任	何	疑	問	請	洽	本	公	司	法	務	經	辦	○
九	先	生	，	電	話	：	0 2	- 8 9	1 9	- ×	× ×	×								
十	懇	請		惠	辦	，	以	維	貴	我	商	誼								

本存證信函共　　頁，正本　　份，存證費　　　元， 　　　　　　　　副本　　份，存證費　　　元， 　　　　　　　　附件　　張，存證費　　　元， 　　　　　　　　加具副本　份，存證費　　　元，合計　　元。	黏　　　貼
經　　郵局 年　月　日證明正本內容完全相同　　郵戳　　經辦員　　印 　　　　　　　　　　　　副　　　　　　　主管	郵　票　或 郵　資　券
備註　一、存證信函需送交郵局辦理證明手續後始有效，自交寄之日起由郵局保存 　　　　之副本，於三年期滿後銷燬之。 　　　二、在　　頁　　行第　　格下塗改　　字　如有修改應填註本欄並蓋用 　　　　　　　　　　　　　增刪　　字　印(寄件人印章，但塗改增刪) 　　　　　　　　　　　　　　　　　　　每頁至多不得逾二十字 　　　三、每件一式三份，用不脫色筆或打字機複寫，或書寫後複印、影印，每格 　　　　限書一字，色澤明顯、字跡端正。	處

騎縫郵戳　　　　　　　騎縫郵戳

(3)抵銷存函

郵局存證信函用紙

副本　正本					

<table>
<tr><td rowspan="4">存證信函第　　　號</td><td>郵　局</td><td>一、寄件人</td><td colspan="2">姓名：○○股份有限公司　　負責人：○○○ 印</td></tr>
<tr><td rowspan="3"></td><td>二、收件人</td><td>詳細地址：臺北市○○路○號○樓
姓名：○○環保工程股份有限公司</td></tr>
<tr><td>副本
三、收件人</td><td>詳細地址：嘉義市○○街○號○樓
姓名：</td></tr>
<tr><td></td><td>詳細地址：
（本欄姓名、地址不敷填寫時，請另紙聯記）</td></tr>
</table>

格 \ 行	1	2	3	4	5	6	7	8	9	10	11	12	13	14	15	16	17	18	19	20
一	敬	啟	者	：																
二		貴	公	司	委	託	本	公	司	為	○	○	大	學	環	境	資	源	研	究
三	管	理	中	心	資	源	回	收	廠	等	操	作	維	護	工	程	，	所	開	立	支
四	付	工	程	款	之	支	票	（	票	號	E	A	8	6	3	7	×	×	×	，	金	額
五	N	T	$	2	,	8	1	3	,	4	2	0	）	業	遭	跳	票	。		
六		臺	端	承	攬		本	公	司	○	○	工	程	（	合	約	編	號	
七	9	2	2	0	4	6	）	，	有	保	留	款	項	$	3	5	4	,	0	0	0	尚	未	領	取	，	現
八	依	民	法	第	3	3	5	條	規	定	通	知		臺	端	將	前	開	款	項	與
九	積	欠	本	公	司	工	程	款	部	分	抵	銷	，	不	足	部	分	，	至	盼	臺
十	端	盡	速	出	面	解	決	。												

本存證信函共　　　頁，正本　　　份，存證費　　　元，
　　　　　　　　　　副本　　　份，存證費　　　元，
　　　　　　　　　　附件　　　張，存證費　　　元，
　　　　　　　　　　加具副本　份，存證費　　　元，合計　　　元。

黏　　　　貼

經　　　　郵　局
年　　月　　日證明正本內容完全相同　　郵戳　　經辦員
　　　　　　　　　　　副　　　　　　　　　　主管　　印

郵　票　或 郵　資　券 處

騎縫郵戳　　　　　　騎縫郵戳

(4)催告貨款存函

郵局存證信函用紙

	正本 副本		郵　局 存證信函第　　號	一、寄件人	姓名：○○股份有限公司　　負責人：○○○ 印
					詳細地址：新店市民權路○號○樓
				二、收件人	姓名：財團法人○○中心
					詳細地址：104 臺北市○○路○號○樓
				三、副本收件人	姓名：
					詳細地址： （本欄姓名、地址不敷填寫時，請另紙聯記）

行\格	1	2	3	4	5	6	7	8	9	10	11	12	13	14	15	16	17	18	19	20
一	敬	啟	者	：																
二		貴	公	司	前	向	本	公	司	訂	購	器	材	乙	批	，	共	計	新	臺幣
三	×	×	元	整	，	前	開	物	件	業	於	×	年	×	×	月	×	×	日	送
四	抵	，	並	經	貴	公	司	經	辦	人	員	○	○	○	簽	收	，	此	有	本
五	公	司	送	貨	單	及	簽	收	字	樣	為	據	，	本	公	司	經	辦	人	員曾
六	多	次	電	話	促	請	付	款	，	詎	料	貨	款	迄	未	付	清	，		
七		現	以	此	函	催	告		貴	公	司	限	於	函	到	五	日	內	付	清
八	前	開	款	項	，	否	必	依	法	追	究	，	務	請	自	重	，	以	免	訟累。
九	如	需	對	帳	或	需	本	公	司	帳	戶	事	宜	，	請	與	經	辦	人	員：
十	○	○	○	，	電	話	：	2	5	0	0	-	×	×	×	×	聯	繫	。	

本存證信函共　　頁，正本　　份，存證費　　元，
　　　　　　　　　副本　　份，存證費　　元，
　　　　　　　　　附件　　張，存證費　　元，
　　　　　　　　　加具副本　　份，存證費　　元，合計　　元。

經　　年　　月　　日證明郵局正副本內容完全相同 　郵戳　　經辦員　　主管　印

黏　貼

郵　票　或
郵　資　券

處

備註

一、存證信函需送交郵局辦理證明手續後始有效，自交寄之日起由郵局保存之副本，於三年期滿後銷燬之。

二、在　頁　行第　格下 塗改 增刪　字 如有修改應填註本欄並蓋用印（寄件人印章，但塗改增刪）每頁至多不得逾二十字。

三、每件一式三份，用不脫色筆或打字機複寫，或書寫後複印、影印，每格限書一字，色澤明顯、字跡端正。

騎縫郵戳　　　騎縫郵戳

(5)催告貨款存函 2

郵局存證信函用紙

副本 正本				
	郵　局	一、寄件人	姓名：○○工業有限公司　　　　　　印	
存證信函第　　　號			詳細地址：臺北市○○路○號○樓	
		二、收件人	姓名：○○股份有限公司	
	副　本		詳細地址：臺北市內湖區○○街○號○F	
		三、收件人	姓名：	
			詳細地址：（本欄姓名、地址不敷填寫時，請另紙聯記）	

格 行	1	2	3	4	5	6	7	8	9	10	11	12	13	14	15	16	17	18	19	20
一	敬	啟	者	：																
二		貴	公	司	於	96	年	元	月	15	日	已	收	本	公	司	應	請	領	第
三	16	期	工	程	款	發	票	（	如	附	件	）	，	由	於		貴	公	司	應	支
四	付	本	公	司	工	程	款	為	＄	3	,	7	1	6	,	×	×	×	元	整	，	迄	今	尚
五	未	支	付	本	公	司	第	16	期	工	程	款	，	另		貴	公	司	用	此
六	發	票	已	申	報	稅	務	機	關	，	嚴	重	影	響	本	公	司	權	益	及	違
七	反	合	約	精	神	，	請		貴	公	司	於	文	到	三	日	內	支	付	上	列
八	應	付	工	程	款	項	，	屆	時	未	付	本	公	司	將	依	法	追	討	及	行
九	文	至	稅	務	機	關	，	懇	請		貴	公	司	體	恤	商	艱	以	維	雙	方
十	權	益	。																	

本存證信函共　　頁，正本　　份，存證費　　元，

副本　　份，存證費　　元，

附件　　張，存證費　　元，

加具副本　　份，存證費　　元，合計　　元。

經　　　郵局

年　月　日證明正本內容完全相同　　郵戳　　經辦員

　　　　　　　　　　　　　　　　　　　　　　主管　　印

黏　　貼

郵　票　或
郵　資　券

處

備註

一、存證信函需送交郵局辦理證明手續始有效，自交寄之日起由郵局保存之副本，於三年期滿後銷燬之。

二、在　　頁　　行第　　格下　增删　　字　　如有修改應填註本欄並蓋用（寄件人印章，但塗改增删）每頁至多不得逾二十字

三、每件一式三份，用不脫色筆或打字機複寫，或書寫後複印、影印，每格限書一字，色澤明顯、字跡端正。

騎縫郵戳　　　　騎縫郵戳

(6)催告清償存函

郵局存證信函用紙

<table>
<tr><td rowspan="2">副 正
本</td><td rowspan="3">郵 局

存證信函第　　　號</td><td>一、寄件人</td><td>姓名：○○工業有限公司　　　　　印

詳細地址：臺北市○○路○號○樓</td></tr>
<tr><td>二、收件人</td><td>姓名：○○股份有限公司
詳細地址：臺北市內湖區○○街○號○F</td></tr>
<tr><td></td><td>三、　副 本
　收件人</td><td>姓名：
詳細地址：
（本欄姓名、地址不敷填寫時，請另紙聯記）</td></tr>
</table>

行　格	1	2	3	4	5	6	7	8	9	10	11	12	13	14	15	16	17	18	19	20
一	敬	啟	者	：																
二	本	公	司	前	承	攬		貴	公	司	「	○	○	新	村	污	水	處	理	廠
三	增	設	○	○	設	備	N	o	.	×	×	×	」	工	程	，	本	公	司	前	於	9	5	.	0	1
四	開	立	K	U	5	2	8	×	×	×	×		發	票	請	領	款	項	N	T	$
五	7	9	3	,	5	0	0	，	詎	料	迄	今	仍	未	獲		貴	公	司	給	付	，	其	間
六	雖	多	次	催	促		貴	公	司	均	置	之	不	理	。					
七		現	特	函	催	告		貴	公	司	限	於	函	到	五	日	內	清	償	，	否
八	即	向	國	稅	局	告	發		貴	公	司	涉	嫌	逃	漏	稅	，	並	追	究	相
九	關	賠	償	責	任	。		務	請	自	重	，	免	致	訟	累	。			
十																				

本存證信函共　　　頁，正本　　　份，存證費　　　元，
　　　　　　　　　　副本　　　份，存證費　　　元，
　　　　　　　　　　附件　　　張，存證費　　　元，
　　　　　　　　　　加具副本　　份，存證費　　元，合計　　元。

黏	貼

經　　　　郵局
年　月　日證明正本內容完全相同　（郵戳）　經辦員　　印
　　　　　　　　副　　　　　　　　　　　主管

郵　票　或 郵　資　券

備註

一、存證信函需送交郵局辦理證明手續後始有效，自交寄之日起由郵局保存
　　之副本，於三年期滿後銷燬之。
二、在　　頁　　行第　　格下增刪　　字　　塗改　　如有修改應填註本欄並蓋用
　　　　　　　　　　　　　　　　　　印（寄件人印章，但塗改增刪）
　　　　　　　　　　　　　　　　　　　　每頁至多不得逾二十字
三、每件一式三份，用不脫色筆或打字機複寫，或書寫後複印、影印，每格
　　限書一字，色澤明顯、字跡端正。

處

（騎縫郵戳）　　　　（騎縫郵戳）

(7)催告進度存函

郵局存證信函用紙

<table>
<tr><td rowspan="2">副
本</td><td rowspan="2" colspan="2">正
本</td></tr>
</table>

	郵　局		一、寄件人	姓名：○○股份有限公司　　　負責人：○○○ 印
				詳細地址：臺北市文山區○○路○○號○樓
存證信函第　　　號			二、收件人	姓名：○○電機股份有限公司
			副　本	詳細地址：彰化縣鹿港鎮○○路○號
			三、收件人	姓名：
				詳細地址： (本欄姓名、地址不敷填寫時，請另紙聯記)

格\行	1	2	3	4	5	6	7	8	9	10	11	12	13	14	15	16	17	18	19	20
一	敬	啟	者	：																
二		貴	公	司	承	攬	敝	公	司	「	○	○	中	心	系	統	工	程	」	之 鋼
三	結	構	分	項	工	程	，	貴	公	司	進	度	已	嚴	重	落	後	計	達	百 分
四	之	十	以	上	，	業	已	該	當	前	開	合	約	第	十	七	條	終	止	合 約
五	關	係	之	條	件	。														
六		現	特	函	催	告		貴	公	司	於	函	到	十	日	內	改	善	工	進
七	達	預	定	進	度	或	盡	速	與	本	公	司	協	商	解	決	方	案	，	否 則
八	本	公	司	定	將	依	約	追	究	履	約	責	任	及	相	關	衍	生	之	損
九	害	賠	償	。	務	請	盡	速	辦	理	，	免	致	訟	累	。				
十																				

本存證信函共　　頁，正本　　份，存證費　　元，
副本　　份，存證費　　元，
附件　　張，存證費　　元，
加具副本　　份，存證費　　元，合計　　元。

經　　月　　郵局
年　　日證明 正 本內容完全相同　　郵戳　　經辦員　　主管 印
　　　　　　　副

黏　　貼

郵　票　或
郵　資　券
處

備註
一、存證信函需送交郵局辦理證明手續後始有效，自交寄之日起由郵局保存
之副本，於三年期滿後銷燬之。
二、在　頁　行第　格下 塗改 增刪 字　印 如有修改應填註本欄並蓋用
(寄件人印章，但塗改增刪)
每頁至多不得逾二十字
三、每件一式三份，用不脫色筆或打字機複寫，或書寫後複印、影印，每格
限書一字，色澤明顯、字跡端正。

騎縫郵戳　　　　騎縫郵戳

(8)催告返還保固金存函

郵局存證信函用紙

	郵 局	一、寄件人	姓名：○○股份有限公司 負責人：○○○ 印
副 正 本 本	存證信函第　　號		詳細地址：新店市民權路○號○樓 姓名：財團法人○○中心
		二、收件人 副 本	詳細地址：104臺北市○○路○號○樓
		三、收件人	姓名： 詳細地址： (本欄姓名、地址不敷填寫時，請另紙聯記)

格 行	1	2	3	4	5	6	7	8	9	10	11	12	13	14	15	16	17	18	19	20
一	敬	啟	者	：																
二		本	公	司	承	攬		貴	中	心	「	○	○	○	○	處	理	控	管	系 統
三	開	發	」	案	保	固	期	業	已	於	95	年	5	月	屆	滿	，	本	公	司
四	曾	多	次	促	請		貴	中	心	依	約	返	還	保	固	金	，	且	於	保 固
五	期	屆	至	後	為	維	貴	我	商	誼	仍	積	極	配	合	修	正	部	分	系
六	統	功	能	，	詎	料	前	開	修	正	於	97.06.25				完	成	並	經	貴
七	中	心	承	辦	人	員	驗	收	簽	認	，	但	貴	中	心	迄	今	仍	未	退 還
八	保	固	金	。	現	以	此	函	催	告	貴	中	心	限	於	函	到	十	日	內 返
九	還	保	固	金	，	否	即	依	法	訴	追	，	敬	祈	自	重	，	以	免	訟 累 。
十																				

本存證信函共	頁，正本　份，存證費　元， 　　副本　份，存證費　元， 　　附件　張，存證費　元， 　　加具副本　份，存證費　元，合計　元。	黏　　貼
經　　　郵局 年　月　日證明正本內容完全相同 副	郵戳 經辦員 主管 印	郵 票 或 郵 資 券

備註：
一、存證信函需送交郵局辦理證明手續後始有效，自交寄之日起由郵局保存之副本，於三年期滿後銷燬之。
二、在　頁　行第　格下 塗改 如有修改應填註本欄並蓋用 增刪　字 印(寄件人印章，但塗改增刪) 每頁至多不得逾二十字。
三、每件一式三份，用不脫色筆或打字機複寫，或書寫後複印、影印，每格限書一字、色澤明顯、字跡端正。

騎縫郵戳　　騎縫郵戳

(9)催告澄清存函

郵局存證信函用紙

副本 正本	郵　局 存證信函第　　號	一、寄件人	姓名：○○股份有限公司　董事長：○○○　　[印] 詳細地址：臺北縣新店市○路○號○F
		二、收件人 副本 三、收件人	姓名：○○股份有限公司 詳細地址：臺北縣板橋市○○路○號○樓 姓名： 詳細地址： (本欄姓名、地址不敷填寫時，請另紙聯記)

格 行	1	2	3	4	5	6	7	8	9	10	11	12	13	14	15	16	17	18	19	20
一	敬	啟	者	：																
二	臺	端	前	發	9	7	.	0	8	.	0	8	臺	北	逸	仙	郵	局	第	1
三	存	證	信	函	敬	悉	。													
四		貴	公	司	前	開	存	證	信	函	否	認	簽	發	系	爭	本	票	，	但
五	貴	公	司	承	攬	本	公	司	多	項	工	程	，	留	存	契	約	及	本	票
六	用	印	鑑	多	有	不	同	，	貴	公	司	否	認	印	鑑	俱	皆	出	現	於
七	開	文	件	中	，	本	公	司	現	正	與	法	律	顧	問	研	議	是	否	該
八	詐	欺	與	偽	造	有	價	證	券	罪	責	。								
九		特	函	催	告	貴	公	司	限	於	文	到	三	日	內	出	面	澄	清	，
十		即	依	法	追	究	民	刑	事	責	任	，	務	請	自	重	。			

（第二行 16~19格：臺 北 逸 仙 郵 局 第 1 × × × 號。第四行末：查。第六行末：前。第七行末：當。第九行末：否。）

本存證信函共　　頁，正本　　份，存證費　　元， 　　　　　　　副本　　份，存證費　　元， 　　　　　　　附件　　張，存證費　　元， 　　　　　　　加具副本　份，存證費　　元，合計　元。 　　經　　　郵局 　　年　月　日證明正本內容完全相同　[郵戳]　　經辦員 　　　　　　　　　副 　　　　　　　　　　　　　　　　　　　　　　　主管　[印]	黏　　貼 郵　票　或 郵　資　券 處

備 註	一、存證信函需送交郵局辦理證明手續始有效，自交寄之日起由郵局保存 　　之副本，於三年期滿後銷燬之。 二、在　頁　行第　格下增刪　字　塗改　如有修改應填註本欄並蓋用 　　　　　　　　　　　　　　印（寄件人印章，但塗改增刪 　　　　　　　　　　　　　　　　每頁至多不得逾二十字） 三、每件一式三份，用不脫色筆或打字機複寫，或書寫後複印、影印，每格 　　限書一字，色澤明顯、字跡端正。

　　　　○騎縫郵戳○　　　　　　　○騎縫郵戳○

(10)違反查封存函

郵局存證信函用紙

副正
本本

郵局

存證信函第　　　號

一、寄件人　姓名：○○股份有限公司
　　　　　　詳細地址：臺中市○○路○號○F

二、收件人　姓名：○○科技股份有限公司
　　　　　　詳細地址：臺北縣新店市○○路○號○F
　　副本

三、收件人　姓名：○○○
　　　　　　詳細地址：屏東縣屏東市○○路○號
　　　　　　（本欄姓名、地址不敷填寫時，請另紙聯記）　印

行\格	1	2	3	4	5	6	7	8	9	10	11	12	13	14	15	16	17	18	19	20
一	敬	啟	者	：																
二		緣		貴	公	司	員	工	○	○	○	因	積	欠	本	公	司	債	務	業
三	經	臺	北	地	方	法	院	於	9	6	.	0	2	.	1	6	核	發	9	6	年	執	字	第	×
四	×	×	×	號	扣	押	命	令	，	但	據	悉	貴	公	司	竟	公	然	違	背
五	法	院	命	令	於	三	月	初	仍	撥	付	該	員	薪	資	，	該	行	為	業	已
六	該	當	刑	法	第	1	3	9	條	違	背	查	封	效	力	罪	，	而	該	員	行	為
七	亦	該	當	刑	法	第	3	5	6	條	損	害	債	權	罪	，	特	函	催	告	於	函
八	到	五	日	內	與	本	公	司	聯	繫	解	決	（	0	4	）	×	×	×	×
九	×	×	×	經	辦	呂	先	生	，	否	則	依	法	向	地	檢	署	提	出	告	發
十	絕	不	寬	貸	，	切	勿	自	誤	，	而	貽	訟	累	。					

本存證信函共　　　頁，正本　　　份，存證費　　　元，
　　　　　　　　副本　　　份，存證費　　　元，
　　　　　　　　附件　　　張，存證費　　　元，
　　　　　　　　加具副本　　份，存證費　　　元，合計　　　元。

經　　　　郵局
年　月　　日證明正本內容完全相同　　　郵戳　　　經辦員　　印
　　　　　　　　　副　　　　　　　　　　　　　　主管

黏　　貼

郵　票　或
郵　資　券

處

備註
一、存證信函需送交郵局辦理證明手續後始有效，自交寄之日起由郵局保存
　　之副本，於三年期滿後銷燬之。
二、在　　頁　　行第　　格下 塗改 字　如有修改應填註本欄並蓋用
　　　　　　　　　　　　增刪　印（寄件人印章，但塗改增刪）
　　　　　　　　　　　　　　　　　　每頁至多不得逾二十字。
三、每件一式三份，用不脫色筆或打字機複寫，或書寫後複印、影印，每格
　　限書一字，色澤明顯、字跡端正。

（騎縫郵戳）　　　（騎縫郵戳）

(11)催告繼承人存函 1

郵局存證信函用紙

副正本		郵　局 存證信函第　　號	一、寄件人	姓名：○○股份有限公司　　負責人：○○○ 印 詳細地址：臺北市文山區○○路○○號○樓
			二、收件人 副本	姓名：○○○ 詳細地址：彰化縣鹿港鎮○○路○號
			三、收件人	姓名： 詳細地址： (本欄姓名、地址不敷填寫時，請另紙聯記)

格 行	1	2	3	4	5	6	7	8	9	10	11	12	13	14	15	16	17	18	19	20
一	敬	啟	者	：																
二		緣	○	○	○	（	A	1	2	3	4	5	6	7	8	×	）	與	本	公
													司	間	票	據	債			
三	務	乙	事	業	經	臺	北	地	院	9	6	年	度	票	字	第	×	×	號	受
四	理	在	案	，	後	查	知	○	○	○	已	於	9	3	.	0	7	.	2	6
																			過	世	，	且
五	經	函	查	臺	北	地	院	並	無	繼	承	人	聲	請	拋	棄	或	限	定	繼
六	承	事	，	依	法	前	開	債	務	應	由	其	繼	承	人	等	當	然	繼	承	。
七		特	函	通	知	臺	端	，	希	於	函	到	五	日	內	主	動	與	本	公	司
八	聯	繫	，	逾	期	將	依	法	訴	追	，	切	勿	自	誤	為	禱	。	電	話	：
九	8	9	1	9	-	×	×	×	×	*	×	×	×	轉	法	務				
十																				

本存證信函共　　　頁，正本　　　份，存證費　　　元，
　　　　　　　　副本　　　份，存證費　　　元，
　　　　　　　　附件　　　張，存證費　　　元，
　　　　　　　　加具副本　　份，存證費　　元，合計　　元。
經　　　郵局
年　月　日證明正　本內容完全相同　　郵戳　　經辦員　　　印
　　　　　　副　　　　　　　　　　　　　　主管

黏	貼
郵　票　或 郵　資　券	
處	

備註：
一、存證信函需送交郵局辦理證明手續始有效，自交寄之日起由郵局保存之副本，於三年期滿後銷燬之。
二、在　　頁　　行第　　格下　塗改
　　　　　　　　　　　　　　增刪　　字　印（寄件人印章，但塗改增刪）
　　　　　　　　　　　　　　　　　如有修改應填註本欄並蓋用　　每頁至多不得逾二十字
三、每件一式三份，用不脫色筆或打字機複寫，或書寫後複印、影印，每格限書一字，色澤明顯、字跡端正。

騎縫郵戳　　　　　　騎縫郵戳

(12)催告繼承人存函 2

郵局存證信函用紙

		郵　局		一、寄件人	姓名：○○股份有限公司													印

詳細地址：臺中市○○路○號○F

二、收件人　姓名：○○○

存證信函第　　　號　詳細地址：屏東縣○○鄉○○路○號

副　本

三、收件人　姓名：

詳細地址：

（本欄姓名、地址不敷填寫時，請另紙聯記）

格行	1	2	3	4	5	6	7	8	9	10	11	12	13	14	15	16	17	18	19	20
一	敬	啟	者	：																
二		緣	債	務	人	○	○	○	女	士	前	與	○	○	銀	行	間	有	現	金
三	卡	之	債	權	債	務	關	係	，	現	係	該	債	務	業	已	轉	讓	與	本	公
四	司	，	後	查	知	○	○	○	已	過	世	，	且	經	函	查	屏	東	地	院	並
五	無	繼	承	人	聲	請	拋	棄	或	限	定	繼	承	事	，	依	法	債	務	人	生
六	前	之	債	務	應	由	係	該	繼	承	人	當	然	繼	承	。	故	特	為	此	函
七	通	知	臺	端	等	，	承	希	臺	端	於	函	到	五	日	內	主	動	與	本	公
八	司	聯	繫	，	逾	期	將	依	法	訴	追	，	希	勿	自	誤	為	禱	。	電	話 ：
九	04	×	×	×	×	×	×	轉	法	務	○	先	生							
十	附	件	：	債	權	讓	與	證	明	書	影	本	乙	紙	。					

(13)終止合約存函 1

郵局存證信函用紙

<table>
<tr>
<td rowspan="4">副本
正本</td>
<td rowspan="4">郵　局

存證信函第　　號</td>
<td>一、寄件人</td>
<td>姓名：○○股份有限公司
詳細地址：臺北縣○○市○○路○號○F</td>
<td>印</td>
</tr>
<tr>
<td>二、收件人</td>
<td>姓名：○○股份有限公司
詳細地址：臺北市○○路○○號○樓</td>
<td></td>
</tr>
<tr>
<td>副本
三、收件人</td>
<td>姓名：○○有限公司</td>
<td></td>
</tr>
<tr>
<td></td>
<td>詳細地址：高雄市○○街○○號
（本欄姓名、地址不敷填寫時，請另紙聯記）</td>
<td></td>
</tr>
</table>

格 行	1	2	3	4	5	6	7	8	9	10	11	12	13	14	15	16	17	18	19	20
一	敬	啟	者	：																
二		臺	端	承	攬	本	公	司	空	軍	司	令	部	○	○	分	案	○	○	○
三	○	工	程	，	經	查	臺	端	票	據	信	用	赫	然	發	現	臺	端	業	已因
四	存	款	不	足	發	生	退	票	情	事	，	前	開	情	事	業	已	該	當	合約
五	規	定	違	約	。															
六		現	依	貴	我	合	約	第	十	七	條	規	定	自	即	日	起	終	止	貴
七	我	合	約	關	係	，	並	將	沒	收	履	約	保	證	金	及	追	究	臺	端違
八	約	產	生	之	一	切	損	害	。											
九																				
十																				

<table>
<tr>
<td colspan="2">本存證信函共　　頁，正本　　份，存證費　　元，
　　　　　　　　副本　　份，存證費　　元，
　　　　　　　　附件　　張，存證費　　元，
　　　　　　　　加具副本　　份，存證費　　元，合計　　元。</td>
<td rowspan="2">黏　　　　貼</td>
</tr>
<tr>
<td>經　　　郵局
　年　月　日證明正
　　　　　　　副本內容完全相同</td>
<td>（郵戳）　　經辦員
　　　　　　主管　　　印</td>
</tr>
<tr>
<td colspan="2">一、存證信函需送交郵局辦理證明手續後始有效，自交寄之日起由郵局保存
　　之副本，於三年期滿後銷燬之。</td>
<td>郵　票　或
郵　資　券</td>
</tr>
<tr>
<td>備
註</td>
<td>二、在　頁　行第　格下_{增刪}塗改
　　　　　　　字　印（如有修改應填註本欄並蓋用
　　　　　　　　　　　　寄件人印章，但塗改增刪）
　　　　　　　　　　　　每頁至多不得逾二十字
三、每件一式三份，用不脫色筆或打字機複寫，或書寫後複印、影印，每格
　　限書一字，色澤明顯、字跡端正。</td>
<td>處</td>
</tr>
</table>

（騎縫郵戳）　　　　　　（騎縫郵戳）

(14)終止合約存函 2

郵局存證信函用紙

副 正 本 本	郵 局 存證信函第　　　號	一、寄件人	姓名：○○股份有限公司　　負責人：○○○　印 詳細地址：臺北市○○路○號○樓	
		二、收件人	姓名：○○股份有限公司 詳細地址：臺北市○○路○號○樓	
		三、收件人 副 本	姓名：○○實業股份有限公司 詳細地址：臺北市○○街○○號○樓 （本欄姓名、地址不敷填寫時，請另紙聯記）	

格\行	1	2	3	4	5	6	7	8	9	10	11	12	13	14	15	16	17	18	19	20
一	敬	啟	者	：																
二		臺	端	承	攬	本	公	司	「	○	○	分	案	機	電	工	程	之	主	體、
三	東	側	大	樓	○	○	○	系	統	施	工	工	程	」	，	據	施	工	所	回
四	報	：	貴	公	司	現	已	不	再	派	工	進	場	施	作	，	業	已	該	當 前
五	開	合	約	第	十	七	條	終	止	合	約	關	係	之	條	件	。			
六		現	特	函	通	知		貴	公	司	即	日	起	依	約	終	止	貴	我	合
七	約	關	係	，	本	公	司	並	將	追	究	履	約	責	任	及	相	關	衍	生 之
八	損	害	賠	償	。	務	請	自	重	，	免	致	訟	累	。					
九																				
十																				

本存證信函共　　　頁，正本　　　份，存證費　　　元，
　　　　　　　　　　　　副本　　　份，存證費　　　元，
　　　　　　　　　　　　附件　　　張，存證費　　　元，
　　　　　　　　　　加具副本　　　份，存證費　　　元，合計　　　元。　　　　　黏　　　　貼

經　　　郵局
年　月　日證明正本內容完全相同　　郵戳　　經辦員　　印
　　　　　　　　副　　　　　　　　　　　　主管　　　　　　郵　票　或
　　　　　　　　　　　　　　　　　　　　　　　　　　　　　郵　資　券

備註：
一、存證信函需送交郵局辦理證明手續後始有效，自交寄之日起由郵局保存
　　之副本，於三年期滿後銷燬之。
二、在　　頁　　行第　　格下　塗改　　　如有修改應填註本欄並蓋用
　　　　　　　　　　　　增刪　　字　印（寄件人印章，但塗改增刪　）　　處
　　　　　　　　　　　　　　　　　　　　每頁至多不得逾二十字。
三、每件一式三份，用不脫色筆或打字機複寫，或書寫後複印、影印，每格
　　限書一字，色澤明顯、字跡端正。

騎縫郵戳　　　　　　　騎縫郵戳

(15)通知銀行存函

郵局存證信函用紙

<table>
<tr><td rowspan="2">副
本</td><td>正
本</td></tr>
<tr><td colspan="2" rowspan="3">存證信函第　　　號</td><td>郵　局</td><td>一、寄件人</td><td>姓名：○○股份有限公司　　負責人：○○○ 印</td></tr>
</table>

郵　局 存證信函第　　　號	一、寄件人	姓名：○○股份有限公司　　負責人：○○○ 印
		詳細地址：臺北市○○路○號○樓
	二、收件人	姓名：○○銀行
		詳細地址：臺北市○○路○號○樓
	副　本 三、收件人	姓名：○○實業股份有限公司
		詳細地址：臺北市○○街○○號○樓
		(本欄姓名、地址不敷填寫時，請另紙聯記)

行＼格	1	2	3	4	5	6	7	8	9	10	11	12	13	14	15	16	17	18	19	20
一	敬	啟	者	：																
二	本	公	司	依	臺	南	地	院	98	年	度	促	字	第	×	×	×	號	確	
三	定	支	付	命	令	，	向	法	院	聲	請	對	○	○	實	業	股	份	有	限	公
四	司	強	制	執	行	，	且	業	於	90	×	×	.	×	×	完	成	查	封	程	序	，
五	現	正	進	行	鑑	價	程	序	中	。										
六		因	查	封	當	日	該	公	司	○	總	經	理	曾	表	示	部	分	財	產
七	係	設	定	予		貴	銀	行	，	為	免	發	生	查	封	錯	誤	而	導	致	貴
八	我	爭	端	，	特	函	請		貴	銀	行	惠	予	配	合	清	點	○	○	公	司
九	所	有	資	產	，	請	指	定	期	日	後	賜	告	02	-	2711	-	×	×	×	×
十	經	辦	○	先	生	，	無	任	感	激	。									

本存證信函共　　頁，正本　　份，存證費　　元， 　　　　　　　　副本　　份，存證費　　元， 　　　　　　　　附件　　張，存證費　　元， 　　　　　　　　加具副本　份，存證費　　元，合計　　元。	黏　　貼	
經　　　　郵　局 　年　月　日證明正本內容完全相同　郵戳　經辦員 　　　　　　　　　副　　　　　　　　　　主管　　印	郵　票　或 郵　資　券	
備註　一、存證信函需送交郵局辦理證明手續始有效，自交寄之日起由郵局保存之副本，於三年期滿後銷燬之。 二、在　頁　行第　格下 塗改 　　　　　　　　增刪　字 如有修改應填註本欄並蓋用印(寄件人印章，但塗改增刪) 　　　　　　　　　　每頁至多不得逾二十字。 三、每件一式三份，用不脫色筆或打字機複寫，或書寫後複印、影印，每格限書一字，色澤明顯、字跡端正。	處	

(騎縫郵戳)　　　　　(騎縫郵戳)

2-4 協議

(1)保密承諾書

保密承諾書

　　緣（以下簡稱「買方」）與○○股份有限公司（以下簡稱
「賣方」）擬就「賣方」讓售或處分其現有之若干產權或投資
（以下合稱「交易事項」）進行商議，並自賣方取得相關文件、
檔案資料（以下簡稱「保密資訊」），茲就各該保密資訊之使
用、聲明與承諾如下：

（一）「買方」對於自「賣方」所取得一切「保密資訊」之使
　　　用與保管，應與保管與使用其內部機密資料採取相同之
　　　注意與措施，且除本承諾書另有規定外，非經「賣方」
　　　事前之書面同意，不得洩漏或交付第三人其內容之全部
　　　或部分。

（二）「買方」承諾，其負責人、董事、經理人編制內外員工
　　　或顧問，對於「保密資訊」之使用或利用，應以職務上
　　　需要且以評估、研議或執行「交易事項」之必要而需提
　　　供予其投資夥伴、外聘專業顧問或融資銀行（以下簡稱
　　　「收受人」）參酌使用，「買方」應要求各該「保密資
　　　訊」之「收受人」亦嚴守保密義務。

（三）本承諾書所稱之「保密資訊」不包括：（1）一般公眾所
　　　知悉的公開資訊；（2）「買方」自第三人所取得之資訊，

且該資訊之提供者並未對於「賣方」負有保密義務，或其資訊之提供並非構成對於「賣方」之違約行為；（3）在「賣方」提供「買方」前，「買方」已取得之資訊。

（四）「賣方」得以書面通知要求「買方」歸還其所提供之「保密資訊」，「買方」於接獲該書面通知後，應立即將其所取得或持有之一切「保密資訊」送還「賣方」，或得經「賣方」書面或口頭同意後，將其所取得或持有之一切「保密資訊」全數銷毀。

（五）「買方」如因法律、命令、行政機關之通知或處分、檢察或司法機關之處分、裁定或命令而需公開或交付任何「保密資訊」時，應於公開或交付前盡速以書面通知「賣方」，俾便「賣方」採取相應措施。

　　謹致
○○股份有限公司

_____

職稱：
公司：
日期：

(2)取回動產同意書

同意書

立書人前於　　年　　月　　日向　貴公司以

□租賃

□附條件買賣

□分期付款

方式□承租　□承購　如附件動產在案，茲因立書人無力付款，爰同意將前開標的物全部返還予　貴公司，請逕派員或指定第三人至立書人營業所、廠房，為拆遷、搬運等取回標的之一切必要行為，立書人將予必要協助與配合。（□如附件動產抵押物亦請一併取回）

前開取回之各標的　貴公司得無需通知或公告，擇機逕以公開或不公開方式出售第三人，並就出售額抵償已到期或未到期價金，若有不足，立書人及連帶保證人當另為清償。

此致

○○公司

立　書　人：

法定代理人：

中　華　民　國　　年　　月　　日

(3)買賣契約書

買賣契約書

　　茲因××資產管理顧問股份有限公司（以下簡稱××公司）欲向○○股份有限公司（以下簡稱○○公司）購買下列債權：

一、標的物明細：○○公司對 A 遊樂事業股份有限公司及其連帶保證人 B、C、D 所得主張之債權（包括所附隨之擔保物權及相關權利）。

二、雙方約定價金為新臺幣○○萬元整，簽約當日以現金一次付清。

三、○○公司應配合前開債權讓與之相業作業，且雙方同意應由××公司依民法規定通知原債務人。

四、前開會計作業悉依○○公司會計作業準則辦理。

五、因本約所產生之一切爭議及法律訴訟，雙方合意由臺灣臺北地方法院管轄。

六、本約壹式貳份，雙方各執乙份為憑。

　　　　立　書　人：××資產管理顧問股份有限公司
　　　　法定代理人：×××
　　　　地　　　址：臺南縣永康市××街×號

　　　　　立　書　人：○○股份有限公司

　　　　　法定代理人：○○○

　　　　　地　　　址：臺北市○○路○號

中　華　民　國　九　十　三　年　×　月　×　日

(4)還款證明書

清償證明

　　茲因×××女士，身分證統一編號 A123456789，前向○○商業銀行申辦現金卡，又上述債權業於 95 年 12 月間售予本公司，合先敘明。

　　現借款人業已於民國 96 年 1 月 5 日依協議償還結清債務，爰立具證明。

　　此　　致

　　×××　君

　　　　　　　　立　書　人：○○股份有限公司
　　　　　　　　法定代理人：○○○

中　華　民　國　九　十　六　年　○　月　○　日

(5)保證人協議書

和解書

立書人：○○股份有限公司（以下簡稱甲方）

AAA、BBB（以下簡稱乙方）

　　甲乙雙方為臺南地方法院86南院慶執字第××××號債權憑證及85年9月所簽立之分期付款附條件買賣契約所生之保證債權債務關係達成和解，條件如下：

一、乙方同意自民國八十九年九月起至 AAA 依法退休日止，按月給付甲方新臺幣七千五百元正（由乙方匯入甲方泛亞銀行臺北分行帳戶 003-001-×××××-5）。

二、雙方簽立本和解書當日應撤回 89 年度訴字第○○○號及 89 年度重訴字第○○號等一切訴訟，甲方亦不得再對乙方申請強制執行（其他保證人及主債務人不在此限）。

三、乙方同意甲方逕自領取臺北地院88年民執字第○○○號執行案件對BBB名下臺北市南港區○○○路○○號執行分配所得，甲方同意撤回同案對 BBB 名下光復北路房屋部份查封。

四、甲方自任何第三人完全受償或甲方違約時，乙方即無須再對甲方為任何（含第一條所定）給付，甲方亦不得再對乙方行使任何權利。

五、乙方如違反第一條所定給付義務時，甲方即不受本和解書
　　限制逕依臺南地方法院86南院慶執字第×××××號債權
　　憑證行使權利請求一次付清全部債務，但已給付金額仍應
　　從債權額中扣除。
六、本和解書一式二份，雙方各執乙份為憑。

　　　　　　　　　　立　書　人：AAA
　　　　　　　　　　身分證字號：A12345678×
　　　　　　　　　　地　　　址：臺北市松山區○○路○○號
　　　　　　　　　　立　書　人：BBB
　　　　　　　　　　身分證字號：A98765432×
　　　　　　　　　　地　　　址：臺北市松山區○○路○○號
　　　　　　　　　　立　書　人：○○股份有限公司
　　　　　　　　　　負　責　人：○○○
　　　　　　　　　　地　　　址：臺北市○○路○號

中　華　民　國　八　十　九　年　×　月　×　日

(6)和解收據

收據

　　茲收到　○○○先生覆榮管字第 0960××××號函，交付本公司○○費用如下：

發票人：	○○銀行○○分行 中級襄理○○○
受款人：	○○股份有限公司
面額：	NT＄406,446
票據號碼：	FA3249×××
發票日：	民國 96 年 12 月 10 日

　　此致
○○○先生

　　　　　　　　立　據　人：○○股份有限公司
　　　　　　　　法定代理人：○○○

中　華　民　國　九　十　六　年　十　二　月　十　一　日

(7)和解書

和解書

立書人：○○○（以下簡稱甲方）

立書人：○○股份有限公司（以下簡稱乙方）

　　茲因甲乙雙方針對新竹縣政府勞資爭議調解委員會勞局調字第 097×××號勞資爭議調解案件，達成協議如下：

一、乙方同意給付甲方和解金 NT$_____。

二、前開金額請匯入甲方_____銀行帳號_____。

三、雙方願放棄對本案所有法律上及其他追訴權。

四、雙方同意就前開和解條件信守保密義務。

　　　　　　　　　立　書　人：○○○

　　　　　　　　　身分證字號：A12345678×

　　　　　　　　　住　　　址：新店市○○路○號○F

　　　　　　　　　立　書　人：○○股份有限公司

　　　　　　　　　法定代理人：○○○

　　　　　　　　　住　　　址：新店市○○路○號○F

中　華　民　國　九　十　七　年　八　月　　日

(8)保人同意展延給付書

延展（變更）給付申請書

申請人：	○○○、○○○、○○○	（下簡稱保證人）
	○○股份有限公司 法定代理人：○○○	（下簡稱被保證人）

　　保證人等為被保證人對○○股份有限公司（下簡稱貴公司）之契約債務（租賃契約、附條件買賣契約、分期付款契約等其他一個或多個契約）之履約連帶保證人，茲以被保證人因周轉未能如意，共同向　貴公司申請延展(變更)給付方式，並同意如下事項：

　　保證人同意於下列情況，仍願續擔任被保證人對　貴公司所負債務之連帶保證人，並就被保證人所負之債，拋棄先訴抗辯權負連帶履行責任：

(一) 貴公司同意延展（或變更）被保證人債務履行期或方式，如　貴公司嗣更為一次或數次之展延或變更時亦同。

　　本項同意延展或變更，未經保證人等同意或有反對意思。

(二) 貴公司免除任一保證人之保證責任或拋棄一部或全部擔保物權時。

　　保證人及被保證人同意拋棄對　貴公司債權（含契約及票據）之時效抗辯。

　　貴公司現在及嗣後對保證人及被保證人，因保全債權辦理假扣押或假處分所提存法院之擔保物，保證人及被保證人同意放棄損害賠償請求權，配合提供文件，以利貴公司領回提存物

　　貴公司如同意延展（或變更）被保證人債務履行期，嗣被保證人未如約履行，或有約載無法履行之虞、或他債權人對保證人及被保證人更有強制行時，貴公司得請求一次清償全部債務。

　　貴公司對保證人及被保證人現有之法院判決或裁定或其他執行名義，不因貴公司延展（或變更）被保證人債務履行而影響效力，貴公司嗣仍得為滿足債權據以行使。保證人及被保證人簽發或背書之票據如未退還，應作為履行債務之擔保。

　　此致
〇〇股份有限公司

　　　　　　　　申請人
　　　　　　　　〇〇股份有限公司　（客戶全銜）
　　　　　　　　法定代理人：〇〇〇（負責人姓名）
　　　　　　　　　　　　〇〇〇（保證人姓名）
　　　　　　　　　　　　〇〇〇（保證人姓名）
　　　　　　　　　　　　〇〇〇（保證人姓名）

中　華　民　國　〇　年　〇　月　〇　日

(9)取回提存物同意書

取回提存物同意書

　　茲同意　　　　　　股份有限公司取回為左開保全執行事件
供擔保之全部提存物

提存物 名稱種類數量				
提存書字號	年度	存	字第	號
保全程序裁定案號	年度	全	字第	號

　　此　致
臺灣地方法院提存所公鑒

立　書　人：○○○

法定代理人：○○○

中　　華　　民　　國　　年　　月　　日

2-5 法院－非訟

(1)查拋棄函

○○股份有限公司　函

受 文 者：屏東地方法院家事法庭

電　　話：04-××××-××××　經辦　黃專員

發文日期：中華民國九十六年三月二十二日

主　　旨：為查明本公司債務人○○○（T101925×××）之繼承人有無向　鈞院聲請拋棄或限定繼承乙事，請惠予查明並見復。

說　　明：

一、○○商業銀行對○○○（T101925×××）所有之債權，業已依法移轉予本公司〈詳附件〉。

二、據悉債務人○○○業已過世，但繼承人有無拋棄或限定繼承不明。

三、特檢附前開文件向　鈞院聲請查明有無拋棄或限定繼承情事；如　鈞院查無資料時，請核發查○○○除戶全戶之戶籍函件，俾便向戶政機關申請抄錄。

董事長○○○

(2)查拋聲請狀

民事聲請狀

聲請人即債權人：○○股份有限公司

　　　　　　　設 407 臺中市西屯區○○路○號○F

法定代理人：○○○

　　　　　　住同上

送達代收人：○○○電話 04-2706××××

　　　　　　住同上

相對人即債務人：○○○身分證字號：U22037××××

　　　　　　　住基隆市七堵區○○路○號

為查明其法定繼承人是否有限定或拋棄繼承事：

　　緣債務人與債權人間具有債權債務關係（如附件一、二所示），另因相對人已於民國 95 年 10 月 19 號死亡（如附件三）所示，今為確保聲請人債權，避免追索無門，懇請　鈞院惠予查明其繼承人是否依法具狀表示限定或拋棄繼承乙事，以保債權人權益，不勝感激！

　　謹　狀

臺灣基隆地方法院家事法庭　公鑒

附件

一、申請書影本乙份。

二、債權讓與證書影本乙紙。

三、債務人最新戶籍謄本影本乙紙。

　　　　　　　　　具　狀　人：○○股份有限公司

　　　　　　　　　法定代理人：○○○

中　華　民　國　九　十　六　年　○　月　○　日

A.查拋覆函 1

臺灣○○地方法院家事法庭　函

地　　址：231 臺北縣○○市○○路○號○樓

傳　　真：（02）8919-××××

承 辦 人：○○○

聯絡方式：（02）8919-××××轉×××

受 文 者：○○股份有限公司

發文日期：中華民國○○年○○月○○日

發文字號：○○字第○○○○○號

速　　別：

密等及解密條件：

附　　件：

主　　旨：本院少年及家事記錄科現有電腦資料，查無被繼承人○
　　　　　○○之繼承人聲請拋棄或限定繼承之事件，請　查照。

說　　明：覆　貴公司○○年○月○日書函。

正　　本：○○股份有限公司

副　　本：

～ 臺 灣 ○ ○ 地 方 法 院 家 事 法 庭 條 戳 ～

B.查拋覆函 2

臺灣○○地方法院家事法庭　函

地　　址：231 臺北縣○○市○○路○號○樓

傳　　真：（02）8919-××××

承 辦 人：○○○

聯絡方式：（02）8919-××××轉×××

受 文 者：○○股份有限公司

發文日期：中華民國○○年○○月○○日

發文字號：○○字第○○○○○號

速　　別：

密等及解密條件：

附　　件：

主　　旨：本院家事記錄科現有電腦資料，被繼承人○○○之
　　　　　繼承人○○○已聲請限定繼承事件，並經本院准予
　　　　　備查在案（○○年繼字第○○號），請　查照。

說　　明：覆　貴公司○○年○月○日聲請狀。

正　　本：○○股份有限公司

副　　本：

～ 臺 灣 ○ ○ 地 方 法 院 家 事 法 庭 條 戳 ～

C.查拋覆函 3

臺灣○○地方法院家事法庭函

地　　址：231 臺北縣○○市○○路○號○樓
傳　　真：（02）8919-××××
承 辦 人：○○○
聯絡方式：（02）8919-××××轉×××

受 文 者：○○股份有限公司
發文日期：中華民國○○年○○月○○日
發文字號：○○字第○○○○○號
速　　別：
密等及解密條件：
附　　件：
主　　旨：本院已於○○年繼字第○○號准予聲請人即繼承人
　　　　　○○○、○○○、○○○拋棄繼承，請　查照。
說　　明：覆　貴公司○○年○月○日來函查詢被繼承人○○○是
　　　　　否有其繼承人向本庭聲請拋棄繼承或限定繼承之事件。

正　　本：○○股份有限公司
副　　本：

～ 臺 灣 ○ ○ 地 方 法 院 家 事 法 庭 條 戳 ～

(3)函查清算人就任

檔　　號：

保存年限：

○○股份有限公司　書函

連絡地址：231 臺北縣新店市○○路○號○樓

承辦人及電話：○○○（02）8919-××××

受 文 者：○○地方法院民事庭

發文日期：中華民國 96 年 10 月 29 日

發文字號：○管字第 09601919 號

速　　別：

密等及解密條件：

附　　件：如文

主　　旨：為查詢本公司債務人○○水電工程有限公司（統一
　　　　　編號：8045××××）之清算人有無向　鈞院聲報
　　　　　就任，惠請　查明並見復。

說　　明：

一、○○水電工程有限公司於 92.09.17 開立面額四百六十
　　萬八千元整之本票（附件一）予本公司，合先敘明。

二、現查經濟部網站資料（附件二）該公司業於 95.08.21
　　解散在案。

三、依公司法第二十四條規定「解散之公司……應行清
　　算。」；同法第一百十三條准用第八十三條規定「清
　　算人應於就任後十五天內，將其姓名、住所或居所
　　及就任日期，向法院聲報」。

四、現為查明其清算人有無就任及日後合法送達問題，
　　特函詢　鈞院，惠請查明並見復。

正本：○○地方法院民事庭
副本：

　　　　　　　　　　　　　　　　○○股份有限公司

(4)聲請駁回狀

狀　　別：民事聲請狀

案　　號：98年司促字第××××號

股　　別：捷股

聲　請　人：○○股份有限公司

　　　　　　設臺北市○○區○○路○段○○號

法定代理人：○○○

　　　　　　住同右

為聲請駁回異議事：

　　緣聲請人與相對人財團法人○○中心間聲請支付命令乙事，頃接鈞院通知略謂相對人異議移送臺北簡易庭調解，然因檢附之異議狀繕本中相對人應為財團法人○○中心，但其具狀人卻為×××，<u>應認其當事人不適格而以裁定駁回其異議</u>，狀請　鈞院鑒核，賜准迅發確定證明，至感法便。

　　　此致

臺北地方法院非訟中心　公鑒

　　　　　　具　狀　人：○○股份有限公司
　　　　　　法定代理人：○○○

中　華　民　國　九　十　八　年　○　月　○　日

(5)聲請閱卷狀

狀　　　別：閱覽卷宗聲請狀

案　　　號：九十五年度○字第○○號

股　　　別：○股

聲　請　人：○○股份有限公司統一編號：1402○○○○

　　　　　　設 11670 臺北市○○區○○路○○號

法定代理人：○○○

　　　　　　住同上

送達代收人：○○○電話：8919-××××

　　　　　　住同上

為聲請閱覽卷宗事：

　　聲請人與○○有限公司間給付工程款事件業經　鈞院審理完畢。聲請人尚有情事待釐清，為此依民事訴訟法第 242 條第 1 項規定，請求　貴院准予閱覽卷宗。

　　此　致

臺灣臺北地方法院　民事庭　公鑒

　　　　　　　　具　狀　人：○○股份有限公司

　　　　　　　　法定代理人：○○○

中　華　民　國　九　十　六　年　○　月　○　日

(6)聲請證明狀

狀　　　別：民事聲請確定證明狀

案　　　號：九十四年度○○字第○○號

股　　　別：○股

聲　請　人：○○股份有限公司統一編號：1234○○○○

　　　　　　設 11670 臺北市○○區○○路○○號

法定代理人：○○○　電話：8919-××××

　　　　　　住同上

為聲請給付與判決確定證明書事：

一、聲請人與○○、○○○○、○○○三人間損害賠償事件（94
　　年度重訴字第○○號），就○○部分業經鈞院判決確定。

二、依民事訴訟法第 399 條請求就聲請人與○○部分給付與部
　　分判決確定證明書。

三、因聲請人之法定代理人變更，茲提出公司變更事項卡影本
　　以為證明。

　　此　　致

臺灣臺北地方法院　民事庭　公鑒

　　　　　具　狀　人：○○股份有限公司
　　　　　法定代理人：○○○

中　華　民　國　九　十　六　年　○　月　○　日

(7)聲請補發證明狀

狀　　　別：民事聲請狀

案　　　號：九十四年度重訴字第○號股別：○股

聲　請　人：○○股份有限公司統一編號：1402××××

　　　　　　設 11670 臺北市文山區○○路○號○樓

法定代理人：○○○

　　　　　　住同上

送達代收人：○○○電話：8919-××××*××××

　　　　　　住同上

為聲請補發判決確定證明書事：

　　聲請人與○○、○○○○、○○○三人間損害賠償事件（94年度重訴字第○號），就○○部分業經鈞院判決確定。原聲請核發確定證明書，經書記官電告業已核發，但因聲請人現遍尋不著恐已遺失，特檢附手續費 NT$100，聲請　鈞院惠予補發確定證明書，實感法便。

　　此　　致

臺灣臺北地方法院　民事庭　公鑒

　　　　具　狀　人：○○股份有限公司
　　　　法定代理人：○○○

中　華　民　國　九　十　六　年　○　月　○　日

(8)聲請部分撤回狀 1

狀　　　別：民事聲請狀

案　　　號：97 年度票字第××××號

股　　　別：○股

聲　請　人：○○股份有限公司

　　　　　　設臺北市文山區○○路○號○樓

法定代理人：○○○

　　　　　　住同右

為聲請部分撤回事：

　　緣聲請人與相對人○○有限公司等間聲請本票裁定事件業經鈞院以 97 年度票字第××××號受理在案。後鈞院命補陳報相對人之公司登記址及其之法定代理人戶籍資料，查得相對人○○「○」與本票上記載發票人○○「○」不符，查本票裁定為非訟事件僅為形式審查，現檢附戶籍謄本聲請將相對人○○○部分撤回，狀請　鈞院鑒核，以維權益，至感法便。

　　此　　致

臺北地方法院非訟中心　公鑒

　　　　　　具　狀　人：○○股份有限公司

　　　　　　法定代理人：○○○

中　華　民　國　九　十　七　年　○　月　○　日

(9)聲請部分撤回狀 2

狀　　　別：民事聲請狀

案　　　號：96 年度票字第××××號

股　　　別：○股

聲　請　人：○○股份有限公司

　　　　　　設臺北市○○路○號○樓

法定代理人：○○○

　　　　　　住同右

為聲請部分撤回事：

　　緣聲請人與相對人○○科技股份有限公司等間聲請本票裁定事件業經鈞院以 96 年度票字第××××號受理在案。後鈞院命補陳報相對人之公司登記址及其之法定代理人戶籍資料，查得相對人○○○已於 93.07.26 死亡，現檢附戶籍謄本聲請將相對人○○○部分撤回，狀請　鈞院鑒核，以維權益，至感法便。

　　此　　致

臺北地方法院非訟中心　公鑒

　　　　　　　　　　具　狀　人：○○股份有限公司

　　　　　　　　　　法定代理人：○○○

中　華　民　國　九　十　七　年　○　月　○　日

(10)聲請重下裁定狀

狀　　　別：民事聲請狀

案　　　號：97 年度票字第××××號

股　　　別：○股

聲　請　人：○○股份有限公司

　　　　　　設臺北市○○路○號

法定代理人：○○○

　　　　　　住同右

為聲請重下本票裁定事：

　　緣聲請人與相對人○○有限公司等間聲請本票裁定事件業經鈞院以 97 年度票字第××××號受理在案。後鈞院命補陳報相對人之公司登記址及其之法定代理人戶籍資料，<u>但鈞院前次裁定誤將該法定代理人姓名○○「○」繕打為○○「※」</u>，狀請　鈞院鑒核，賜准重下裁定，以維權益，至感法便。

　　此　致

臺北地方法院非訟中心　公鑒

　　　　　　具　狀　人：○○股份有限公司

　　　　　　法定代理人：○○○

中　華　民　國　九　十　七　年　○　月　○　日

(11)陳報同一公司狀

狀　　　別：民事陳報狀

案　　　號：97 年度票字第××××號

股　　　別：○股

陳　報　人：○○股份有限公司

　　　　　　設臺北市文山區○○路○號

法定代理人：○○○

　　　　　　住同右

為陳報事：

　　緣鈞院命補正97年度票字第××××號之相對人○○工
程有限公司（統一編號：01234567×）之清算人資料，經查：
該公司現已更名為○○工程股份有限公司（統一編號：01234567
×），故鈞院來函認該公司業已解散實為誤解。狀請　鈞院鑒
核，以維權益，至感法便。

　　此　致

臺北地方法院非訟中心　公鑒

　　　　　　　　　　具　狀　人：○○股份有限公司

　　　　　　　　　　法定代理人：○○○

中　華　民　國　九　十　八　年　○　月　○　日

(12)聲請補發債證狀

狀　　　別：民事聲請狀

案　　　號：九十二年度執字第××××號股別：○股

聲　請　人：○○股份有限公司統一編號：14026987

　　　　　　設 11670 臺北市○○路○○號○樓

法定代理人：○○○

　　　　　　住同上

送達代收人：○○○電話：8919-××××＊××××

　　　　　　住同上

為聲請補發債權憑證事：

　　因聲請人之法定代理人變更，茲提出經濟部商業司網站抄錄資料以為證明，合先敘明。

　　緣聲請人與○○腦有限公司間強制執行事件業經鈞院核發債權憑證結案，現因前開債權憑證不慎遺失，特檢附手續費 NT＄100 狀請　鈞院補發債權憑證，以為權益，至感法便。

　　　此　　致

臺灣高雄地方法院民事執行處　公鑒

具　狀　人：○○股份有限公司

法定代理人：○○○

中　華　民　國　九　十　七　年　○　月　○　日

(13)聲請更正狀

狀　　　別：民事聲請狀

聲　　請　人：○○股份有限公司

　　　　　　　設臺北市○○路○號

法定代理人：○○○

　　　　　　　住同右

為聲請更正事：

　　緣聲請人與相對人○○機電有限公司間聲請支付命令乙事，頃接鈞院通知茲因繕打錯誤將相對人○○機電有限公司名稱誤植為○○機電股份有限公司，特檢附相對人公司變更事項登記卡為憑，狀請　鈞院鑒核，賜准更正。以維權益，至感法便。

　　此　　致

臺中地方法院非訟中心　公鑒

　　　　　　　　　具　狀　人：○○股份有限公司

　　　　　　　　　法定代理人：○○○

中　華　民　國　九　十　七　年　○　月　○　日

(14)公示送達狀

狀　　　別：民事聲請狀

案　　　號：98 年度司票字第××××號

股　　　別：○股

聲　請　人：○○股份有限公司

　　　　　　設臺北市○○路○號

法定代理人：○○○

　　　　　　住同右

為聲請公示送達事：

　　緣鈞院命補正98年度司票字第××××號之相對人全戶戶籍謄本，特陳報如附件，檢附公司變更登記事項卡及戶籍謄本為證。如仍無法送達，狀請　鈞院鑒核，賜准公示送達。以維權益，至感法便。

　　此　致
臺北地方法院非訟中心　公鑒

　　　　　　　　具　狀　人：○○股份有限公司

　　　　　　　　法定代理人：○○○

中　華　民　國　九　十　八　年　○　月　○　日

2-6 法院－訴訟

(1)支付命令聲請狀

狀　　　　別：民事支付命令聲請狀

訴訟標的金額：新臺幣貳佰萬元整

聲　　請　　人：○○○

　　　　　　　住 24212 新莊市○○街○號

送 達 代 收 人：○○○電話：8919-××××*×××

　　　　　　　住 23141 新店市○○路○號

相　　對　　人：○○○P120645×××

　　　　　　　住 32657 桃園縣○○鎮○○街○號

為聲請發支付命令事：

請求之標的並其數量

一、相對人應支付聲請人新臺幣（以下同）貳佰萬元，及自民
　　國九十八年二月八日起至清償日止，按年利率百分之六計
　　算之利息。

二、程序費用由相對人負擔。

　　請求之原因及事實

緣相對人向聲請人借貸新臺幣貳佰萬元，並簽立本票乙紙
（證一）為憑，孰知到期提示並未獲兌現，現就積欠款項
部分督促其履行。

應發支付命令之陳述

本件係請求給付一定金錢，為求簡速，特依民事訴訟法第
五百零八條及第十三條之規定，狀請 鈞院鑒核，迅賜對相對
人發支付命令，限令如數清償本息，並負擔督促程序費用，實
為法便。

證　據
證一：本票影本乙份。

　　此　致
臺灣〇〇地方法院非訟中心　公鑒

　　　　　　　　具　狀　人：〇〇〇

中　華　民　國　九　十　八　年　〇　月　〇　日

(2)本票裁定聲請狀

狀　　　別：民事本票裁定聲請狀
　　　　　　訴訟標的金額或價額：新臺幣肆佰陸拾零萬捌仟
　　　　　　零佰元整
聲　請　人：○○份有限公司統一編號：1402××××
　　　　　　設 11670 臺北市文山區○○路○號○樓
法定代理人：○○○
　　　　　　住同上
送達代收人：○○○02-8919-××××
　　　　　　住同上

相　對　人：○○股份有限公司統一編號：0718××××
　　　　　　設 10364 臺北市○○路○號○樓
法定代理人：○○○身分證字號：F10015××××
　　　　　　住 10557 臺北市○○路○號
相　對　人：○○○身分證字號：F10015××××
　　　　　　住 10557 臺北市○○路○號
相　對　人：○○有限公司統一編號：8045××××
　　　　　　設 22444 臺北縣○○鎮○○路○號○F
法定代理人：○○○身分證字號：F12253××××
　　　　　　住 22444 臺北縣○○鎮○○路○號

相　對　人：○○○身分證字號：F12253××××
　　　　　　住 22444 臺北縣○○鎮○○路○號

為聲請裁定本票准許強制執行事：

應受裁定事項之聲明

一、相對人等於民國九十二年九月十七日共同簽發之本票內載
　　憑票交付聲請人新臺幣(以下同)肆佰陸拾萬捌仟元整,及自
　　民國九十四年八月二十五日起至清償日止,按日息萬分之
　　五計算之利息,得為強制執行。

二、聲請程序費用由相對人等連帶負擔。

事實及理由

　　緣聲請人持有相對人○○股份有限公司等於民國九十二年
九月十七日所共同簽發之本票乙紙,內載金額肆佰陸拾萬捌仟
元整,付款地臺北市文山區,到期日為九十四年八月二十五日,
免除作成拒絕證書(證一)。現依票據法第一百二十三條規定聲請
裁定准許強制執行。

　　為此,狀請　鈞院鑒核,賜裁定如聲明,甚感法便。

證　據

證一：本票正本乙份（驗畢請擲還）。

此　致

臺灣臺北地方法院非訟中心　公鑒

具　狀　人：○○股份有限公司

法定代理人：○○○

中　華　民　國　九　十　六　年　○　月　○　日

(3)民事委任狀

<table>
<tr><td colspan="3" align="center">民事委任書</td></tr>
<tr><td colspan="3">案號： 年度 字第 號 股</td></tr>
<tr><td align="center">姓名或名稱</td><td>住居所或營業所、
郵遞區號及電話號碼
電子郵件位址</td><td>送達代收人姓
名、住址、郵遞
區號及電話號碼</td></tr>
<tr><td align="center">委任人</td><td>臺北市文山區○○路</td><td></td></tr>
<tr><td>○○股份有限公司
法定代理人：○○○</td><td>○號○樓
住同上</td><td></td></tr>
<tr><td align="center">受任人</td><td>住同上</td><td></td></tr>
<tr><td align="center">○○○</td><td>電話:(02)8919-××××</td><td></td></tr>
<tr><td colspan="3">為針對○○科技、○○科技（股）公司強制執行事件委任人茲
委任受任人為訴訟代理人就本事件有為一切訴訟行為之權並有
民事訴訟法第 70 條第一項但書及第二項所列各行為之特別代
理權依照同法第 69 條規定及司法院三十二年院字第 2478 號解
釋提出委任書　謹呈

臺灣臺北地方法院民事執行處　公鑒</td></tr>
</table>

委　任　人　○○股份有限公司

法定代理人　○○○

受　任　人　○○○

中華民國 96 年 12 月 11 日

(4)承受訴訟狀

狀　　　別：民事聲明狀

案　　　號：97 年度店簡字第××××號

股　　　別：○股

聲　明　人：○○股份有限公司
　　　　　　設臺北市○○路○號

法定代理人：○○○
　　　　　　住同右

為聲明承受訴訟事：

　　緣聲明人公司法定代理人已由○○○變更為○○○，此有聲明
人公司變更事項登記表乙份可稽，謹依民事訴訟法第 175 條規定聲
明承受本件訴訟。狀請　鈞院鑒核，以維權益，至感法便。

　　此　　致
臺北地方法院新店簡易庭　公鑒

　　　　　　　　　　具　狀　人：○○股份有限公司
　　　　　　　　　　法定代理人：○○○

中　華　民　國　九　十　七　年　○　月　○　日

(5)抵銷後繳費狀

狀　　　別：民事陳報狀
案　　　號：97年度補字第×××號
股　　　別：○股

陳　報　人：○○股份有限公司
　　　　　　設臺北市○○路○號
法定代理人：○○○
　　　　　　住同右

為陳報事：

　　緣陳報人與被告○○工程股份有限公司間請求給付工程款
乙事，頃接鈞院通知因被告聲明異議轉為起訴，應補繳裁判費
用新臺幣二萬七千九一十八元，但因陳報人前曾抵銷被告保留
款項三十五萬四千元，故實際債權額應為二百四十五萬九千四
百二十元，檢附匯票乙紙金額二萬四千三百五十四元，狀請　鈞
院鑒核，以維權益，至感法便。

　　此　　致
○○地方法院民事庭　公鑒

　　　　　　　具　狀　人：○○股份有限公司
　　　　　　　法定代理人：○○○

中　華　民　國　九　十　七　年　○　月　○　日

(6)起訴繼承人狀

狀　　　別：民事起訴狀

訴訟標的金額或價額：新臺幣〇〇萬零仟柒佰伍拾肆元整

原　　　告：〇〇股份有限公司（04）2706-××××

　　　　　　經辦人：黃專員

　　　　　　設臺中市臺〇〇路〇〇號

法定代理人：〇〇〇

　　　　　　住同上

被　　　告：〇〇〇〇（已於 95.01.31 死亡）A12345678×

　　　　　　住 360 苗栗縣苗栗市〇〇路〇〇號

被　　　告：〇〇〇（〇〇〇〇之繼承人）

　　　　　　住 360 苗栗縣苗栗市〇〇路〇〇號

其他被告（即〇〇〇〇之其他繼承人）不明

為清償借款事：

請求之標的並其數量

一、被告〇〇〇〇之繼承人等應連帶支付原告新臺幣（以下同）

　　二十三萬零七百五十四元，及自民國九十四年十二月六日

　　起至清償日止，按年利率 12%計算之利息，暨自民國九十

　　五年一月九日起至清償日止，其逾期在六個月以內者，按

　　上開利率 10%，逾期在六個月以上者，按上開利率 20%計
　　算違約金。

二、程序費用由被告○○○○之繼承人等連帶負擔。

請求之原因及事實

一、原債權讓與人○○銀行股份有限公司與債務人○○○○間
　　債務清償事件，業已與聲請人（即債權受讓人）○○股份
　　有限公司簽訂「不良債權讓與契約書」就本案繫屬之本金
　　暨利息（含已發生者）、違約金（含已發生者）、墊付費
　　用等債權、擔保物權及其他從屬之權利一併讓與債權受讓
　　人，並依金融機構合併法第 15 條第一項第一款及第 18 條
　　第三項之規定，於九十五年十二月二十七日公告在民眾日
　　報，此有「債權讓與證明書」可證（證物一），是本案之
　　債權業已合法移轉，對債務人自公告之日起立即發生效
　　力，合先敘明。

二、被告○○○○於 94 年 7 月 6 日，書立「循環信用貸款契約」，
　　向債權人辦理循環動用之貸款，額度為五十萬元。前開契
　　約內約訂，債務人憑○○（現金）卡及密碼，在自動付款
　　機器或電話辦理領取現金或轉帳，以進行借貸、取款之行
　　為。其所支用款項，自支用日起息。其往來帳，概以債權
　　人之自動化機器所記載者為準（約定書第十條）。債務人
　　應於每月十五日前，至少給付約定之「最低應繳金額」（第
　　六條）。否則債權人得停止額度（第七條），全部借款並
　　視為到期（第十一條）。其借款利率為年息 12%。雙方亦

約定，債務人逾期償還時，應按借款總餘額，自償還日起，其逾期在六個月以內者，依上開約定利率之一成，逾期六個月以上之部分，則依該利率之二成，計算違約金（第八條）。

三、嗣債務人陸續動支款項，然未依約於94年12月06日前向債權人繳付最低應繳金額。爰自95年1月9日起計算違約金，迄今債務人尚欠二十三萬零七百五十四元本金及自95年12月6日計算之利息、自95年1月9日計算之違約金未為清償，雖屢經催討，債務人均置之不理。

四、經查被告○○○○業已於95.01.31死亡（證三），原告函詢苗栗地方法院有無拋棄或限定繼承情事，經該院以苗院燉民字第○○號函（證四）答覆「並未受理○○○○之繼承人聲請拋棄繼承或限定繼承情事」，依民法繼承篇相關規定其繼承人應繼承其一切權利義務，故將其配偶○○○及其他繼承人列為被告。但因其他繼承人不明請求鈞院核發查其全戶函文，以便釐清被告之人數與姓名。

五、依循環信用貸款契約第19條之約定，當事人同意以○○地方法院為第一審管轄法院，以上呈請鈞院鑒核，賜准判決如訴之聲明，實為法便。

證　據
證一：債權讓與證明書暨○○銀行印鑑證明影本乙份。（正本庭呈）

147

證二：○○卡申請書（含聲明、○○卡約定書）影本乙份。（正
　　　本庭呈）

證三：○○○○除戶戶籍謄本正本乙份。

證四：苗栗地方法院苗院燉民字第○○號函影本乙份。

　　　此　致
臺灣○○地方法院民事庭　公鑒

　　　　　　　　　　具　狀　人：○○股份有限公司

　　　　　　　　　　法定代理人：○○○

中　華　民　國　九　十　六　年　○　月　○　日

(7)聲請退費狀

狀　　　別：民事聲請狀
案　　　號：八十九年度訴字第○○○號股別：○股

聲　請　人
即　原　告：○○股份有限公司
法定代理人：○○○均詳卷(02)2×××-×××1轉法務分機305
被　　　告：×××

為聲請撤回訴訟事：

　　緣聲請人與被告○○○間抵押權不存在事件乙案，業經鈞院以八十九年度訴字第○○○號受理並定期於八十九年九月五日審理在案。茲因被告等與聲請人已達成和解，故本案暫無訴訟之必要，為此依據民事訴訟法第262條第一項及同條第二項規定，狀請　鈞院鑒核，准予將本案訴訟撤回，並懇請依民事訴訟法第83條規定同意退還原告所繳裁判費三分之二，實感法便。

　　此　致
臺灣臺北地方法院民事庭　公鑒

　　　　　　　　　具　狀　人：○○股份有限公司
　　　　　　　　　法定代理人：○○○

中　華　民　國　八　十　九　年　○　月　○　日

(8)陳報同意撤回狀

狀　別：民事陳報狀

案　號：八十九年度訴字第○○○號股別：○股

陳報人

即被告：○○○均詳卷

為陳報同意撤回訴訟事：

　　緣○○股份有限公司與陳報人×××間確認抵押權不存在事件乙案，業經鈞院以八十九年度訴字第○○○號受理並定期於八十九年九月五日審理在案。茲因原被告雙方已達成和解，故本案暫無訴訟之必要，現原告已依法撤回訴訟，為此依據民事訴訟法第 262 條第一項規定，陳報　鈞院鑒核，准予原告將本案訴訟撤回，實感法便。

　　此　致

臺灣臺北地方法院民事庭　公鑒

中　華　民　國　八　十　九　年　○　月　○　日

(9)聲請列入重整債務狀

狀　　　別：民事聲請狀

案　　　號：八十九年度整字第×號

股　　　別：○股

聲　請　人：○○股份有限公司

　　　　　　設 105 臺北市敦化北路○號○樓(02)2711-××××
　　　　　　轉法務

法定代理人：○○○

　　　　　　住同右分機 305

為聲請列入重整債務事：

　　緣聲請人與重整人○○股份有限公司等間強制執行事件，原經鈞院以八十九年執○字第×××××號（證一）受理在案，後因聲請人與連帶債務人○○○○簽立清償同意書（證二），聲請人遂聲請撤回前開執行案件。

　　現接鈞院命陳報債權。但聲請人因前開債務現已由連帶債務人代為清償，惟二者為併存債務，設若聲請人未能由連帶債務人獲得十足清償，不足清償部份仍應由主債務人即重整人○○股份有限公司負責完全清償；且聲請人與重整人係為簽立附條件買賣契約（證三）標的物係為公司法第 312 條第一款第一

項所規定之「維持公司業務所繼續營運所發生之債務」，綜右，
狀請　鈞院鑒核，請將聲請人債權列入重整債務優先受償，實
為德便。

　　　此　致
臺灣高雄地方法院鳳山簡易庭　公鑒

證　據

證一：高雄地方法院八十九年執〇字第××××× 號。

證二：清償同意書影本。

證三：附條件買賣契約影本。

　　　　　　　　具　狀　人：〇〇股份有限公司

　　　　　　　　法定代理人：〇〇〇

中　華　民　國　九　十　一　年　〇　月　〇　日

(10)聲明異議狀

狀　　　別：聲明異議狀

案　　　號：94 年度破字第××號

股　　　別：○股

聲　明　人：○○股份有限公司

　　　　　　設臺北市文山區○○路○號○樓

法定代理人：○○○

　　　　　　住同右

送達代收人：○○○02-8919-××××

　　　　　　住同右

為聲明異議事：

　　緣鈞院 94 年度破字第×號○○實業股份有限公司破產事件，聲明異議如後：

先將○○實業案爭點時間表排列於後：

95.2.13	士林地院裁定准許○○公司破產，申報債權時間至95.04.10	94 破字第×號
95.05.05	○○公司第一次債權人會議	
95.05.10	○○公司代支付○○公司工程款$17,958,649	機電群字第 95×××號（證一）

96.06.20	○○破產財團○○公司債權協調會，抵減後積欠○○公司\$1,236	（證二）
96.08.03	○○公司函○○破產財團：尚積欠\$23,551,368	榮機字第 0960×××號（證三）
96.08.20	○○破產財團函覆○○公司：尚難列入破產債權	96 謙律光字第 08××號（證四）

　　聲明人並未接獲鈞院 94 年度破字第×號○○實業股份有限公司之破產裁定及申報債權期限通知，業已該當破產法第一百二十五條第一項但書「但其爭議之原因知悉在後者，不在此限。」規定，同條第二項規定「前項爭議，由法院裁定之。」，爰依破產法第 125 條規定聲明異議，狀請鈞院准許將本公司債權列入破產財團，俾維權益，至感法便。

　　此　　致
臺灣士林地方法院民事庭　公鑒

　　　　　　　　　　具　狀　人：○○股份有限公司
　　　　　　　　　　法定代理人：○○○

中　華　民　國　九　十　六　年　○　月　○　日

(11)對第三人起訴狀

狀　　　別：民事起訴狀

訴 訟 金 額：新臺幣壹佰萬零千零百零十零元整

原　　　告：○○股份有限公司

　　　　　　設 105 臺北市松山區○○路○號

電　　　話：(02)2××1-×××1 轉法務分機：305

法定代理人：○○○

　　　　　　住同右

被　　　告：B 實業股份有限公司

　　　　　　設 242 臺北縣新莊市中平路××號

法定代理人：○○○

　　　　　　住同右

為請求履行債務事：

訴之聲明

一、被告 B 實業股份有限公司應給付原告新臺幣壹佰萬元整，
　　及自被告接獲通知債權讓與存證信函翌日起至給付日止，
　　按年息百分之五計算之利息。

二、前項請求，原告願供擔保，請准宣告假執行。

三、訴訟費用由被告負擔。

事實及理由

一、緣原告於民國八十九年十月一日與訴外人 A 股份有限公司
（以下簡稱 A 公司）簽立銷貨金額為新臺幣（以下同）肆
佰貳拾萬元以內之分期付款買賣契約書（原證二號）乙紙，
並為擔保該契約之履行，A 公司簽立債權讓與同意書（即
原證一號）同意將對被告 B 實業股份有限公司（以下簡稱
B 公司）等三家公司之貨款債權於肆佰萬元範圍內讓與原
告，詎 A 公司自八十九年十二月起即無力正常繳納分期價
金（原證三號），原告迅即以臺北體育場郵局第 82 號存證
信函（原證四號）催告被告 A 公司清償，被告 A 公司均置
之不理，原告迫於無奈遂於 90.2.7 以臺北 81 支局郵局第 534
號存證信函（原證五號）通知被告 B 公司等三家廠商前開
債權讓與情事。

二、孰料被告 A 公司於 90.2.12 委請×××律師發函(原證六號)
原告及被告 B 公司等三家公司，函中竟否認有債權讓與之
事實，理由略為：前開債權讓與同意書負責人姓名一字非
電腦字及非親簽為由，認其係偽造。原告亦迅以臺北體育
場郵局第 705 號存證信函（原證七號）駁斥其說，因債權
讓與同意書蓋用印文與經濟部中部辦公室所出具之 A 公司
變更登記事項卡（原證八號）登記印鑑相符，僅空言非親
簽即意圖卸責與民法第 3 條等規定不符。

三、詎原告於 9.3.7 接獲被告 B 公司以新莊 15 支郵局第 269 號
存證信函（原證九號）告知於未獲法院判決確定前將不對
原告清償。被告 B 公司承認對被告 A 公司有應付帳款之存

在，後復拒絕對原告逕為給付；依民法第 294 條規定：「債權人得將債權讓與於第三人。」依通說債權人將債權讓與他人，讓與之後，讓受人當然有讓與人之地位，現被告○○公司多次藉詞拒絕履行應付債務。原告出於無奈僅得依法訴追。

又經查明 B 公司積欠 A 公司貨款應在壹佰萬元以內，爰以壹佰萬元為本案訴訟標的金額，併此敘明。現依民法第 294 條狀請　鈞院鑒核，賜判決如訴之聲明，甚感法便。

謹　狀

臺灣板橋地方法院　民事庭　公鑒

具　狀　人：○○股份有限公司

法定代理人：○○○

中　華　民　國　九　十　年　○　月　○　日

2-7 假扣押、假處分

(1)假扣押流程簡表

債權人具狀聲請假扣押裁定

→法院核准之假扣押裁定（大約遞狀後一週左右）

→向國稅局申請抄錄債務人財產、所得資料

→債權人供擔保、辦妥提存（當場辦即可）

→債權人具狀聲請假扣押執行並繳納費用

→至分案室查明分至何股

→與書記官聯絡執行日期（大致為一週內）

→法院執行假扣押查封或發扣押命令或禁止處分命令

(2)聲請假扣押裁定狀

狀　　　別：民事聲請聲請狀

　　　　　　訴訟標的金額或價額：新臺幣貳拾捌萬肆仟肆佰

　　　　　　玖拾壹元整

聲　請　人：○○股份有限公司　（04）2706-××××經辦黃專員

　　　　　　設臺中市○○路○○號

法定代理人：○○○

　　　　　　住同上

相　對　人：○○○　身分證字號：A12345678×

住臺中市○○路○○號

為聲請裁定假扣押事：

請求之標的並其數量

一、請准聲請人以合作金庫可轉讓定期存單供擔保後，將相對

　　人所有財產在新臺幣貳拾捌萬肆仟肆佰玖拾壹元範圍內予

　　以假扣押。

二、聲請程序費用由債務人負擔。

請求之原因及事實

一、爰債權讓與人○○銀行股份有限公司與債務人○○○間債
務清償事件，業已與聲請人（即債權受讓人）○○股份有
限公司簽訂「不良債權讓與契約書」就本案繫屬之本金暨
利息（含已發生者）、違約金（含已發生者）、墊付費用
等債權、擔保物權及其他從屬之權利一併讓與債權受讓
人，並依金融機構合併法第 15 條第一項第一款及第 18 條
第三項之規定，於九十五年十二月二十七日公告在民眾日
報，此有「債權讓與證明書」可證(證物一)，是本案之債權
業已合法移轉，對債務人自公告之日起立即發生效力，合
先敘明。

二、債務人○○○於 94 年 7 月 6 日，書立「循環信用貸款契約」，
向債權人辦理循環動用之貸款，額度為五十萬元。前開契
約內約訂，債務人憑○○（現金）卡及密碼，在自動付款
機器或電話辦理領取現金或轉帳，以進行借貸、取款之行
為。其所支用款項，自支用日起息。其往來帳，概以債權
人之自動化機器所記載者為準（約定書第 10 條）。債務人
應於每月十五日前，至少給付約定之「最低應繳金額」（第
6 條）。否則債權人得停止額度（第 7 條），全部借款並視
為到期（第 11 條）。其借款利率為年息 12%。雙方亦約定，
債務人逾期償還時，應按借款總餘額，自償還日起，其逾
期在六個月以內者，依上開約定利率之一成，逾期六個月
以上之部分，則依該利率之二成，計算違約金（第 8 條）。

三、嗣債務人陸續動支款項，然未依約於 94 年 12 月 6 日前向
　　債權人繳付最低應繳金額。爰自 95 年 1 月 9 日起計算違約
　　金，迄今債務人尚欠二十八萬四千四百九十一元本金及自
　　95 年 12 月 6 日計算之利息、自 95 年 1 月 9 日計算之違約
　　金未為清償，雖屢經催討，債務人均置之不理。

　　　　近聞相對人等正紛紛脫產，以圖逃避本案債務，設不予及
時聲請　鈞院聲請實施假扣押，而任其自由處分，則聲請人之
債權必有日後不能強制執行或甚難執行之虞，為保全將來執行
起見，聲請人願提供如聲請意旨所列之擔保品以帶假扣押請求
原因之釋明，狀請　鈞院鑒核，賜准裁定如聲請意旨，以保權益。

證　據
證一：債權讓與證明書暨○○銀行印鑑證明影本乙份。
證二：○○卡申請書（含聲明、○○卡約定書）影本乙份。
證三：○○商業銀行出具客戶往來明細查詢單影本乙份。

　　　此　致
臺灣臺中地方法院　民事庭　公鑒

　　　　　　　　具　狀　人：○○股份有限公司
　　　　　　　　法定代理人：○○○

中　華　民　國　九　十　六　年　○　月　○　日

(3)假扣押執行狀

狀　　　別：民事執行聲請狀
訴訟標的金額或價額：新臺幣貳拾捌萬肆仟肆佰玖拾壹元整

聲　請　人：○○股份有限公司（04）2706-××××經辦黃專員
　　　　　　設臺中市○○路○號○F
法定代理人：○○○
　　　　　　住同上

債　務　人：○○○　身分證字號：A12345678×
　　　　　　住臺中市南屯區○○路○號○樓
　　　　　　住臺中市向心南路 811 號
第　三　人：臺中市衛生局
　　　　　　住臺中市向心南路 811 號

為聲請實施假扣押執行事：
請求金額
　　請求對於債務人所有財產在新臺幣貳拾捌萬肆仟肆佰玖拾
壹元範圍內為假扣扣押。

執行之標的物

　　債務人服務於第三人臺中市衛生局處，每月得支領之各項勞務報酬（包括薪俸、津貼、補助費、研究費……等在內）三分之一及各項獎金四分之三予以扣押。

聲請之理由

　　緣債務人○○○於 94 年 7 月 6 日向○○銀行股份有限公司辦理循環動用之貸款，額度為五十萬元，尚欠二十八萬四千四百九十一元本金及自 95 年 12 月 6 日計算之利息、自 95 年 1 月 9 日計算之違約金未為清償，雖屢經催討，債務人均置之不理。債權讓與人○○銀行股份有限公司與債務人○○○間債務清償事件，業已與聲請人（即債權受讓人）○○股份有限公司簽訂「不良債權讓與契約書」，將前開債權全數讓與聲請人。

　　茲因債務人意圖脫產，業經聲請　鈞院裁定准予假扣押在案（臺灣臺中地方法院 96 年度裁全字第××××號裁定），除已供擔保外，爰檢附假扣押裁定正本收據正本各乙件，依強制執行第 4 條第一項第二款規定，狀請　鈞院實施假扣押執行，以資保全，以保權益。

證　據
證一：假扣押裁定正本乙份。
證二：提存書及收據正本乙份。

　　　此　致
臺灣臺中地方法院　民事執行處　公鑒

　　　　　　　　具　狀　人：○○股份有限公司
　　　　　　　　法定代理人：○○○

中　華　民　國　九　十　六　年　○　月　○　日

(4)假處分方式迫使債務人出面協商

如何透過假處分方式迫使債務人出面協商

狀　　　別：民事假處分聲請狀

聲　請　人：○○股份有限公司　0×××××××
　　　　　　設 105 臺北市敦化北路○號
　　　　　　（02）2×××-×××1　轉法務

法定代理人：○○○　住同右　分機 305

債　務　人：○○股份有限公司　2×××××××
　　　　　　設 701 臺南市東區○○路○○號

法定代理人：○○○　Q12345678×　住同右

為聲請假處分事：

請求之標的

一、請准聲請人免供擔保或提供新臺幣五十萬元或　鈞院認可
　　之擔保品，將聲請人租予債務人如附表所示置放於臺南市
　　○○路○○號地下一樓之財產，依租約第四條第 D 項規定
　　於明顯可辨處所予以噴漆（長 40CM、寬 23CM，字樣：○
　　○公司資產（動產擔保交易物）TEL：02-2××××××1）
　　假處分。

二、程序費用由債務人負擔。

請求之原因及事實

　　緣聲請人與債務人○○股份有限公司等於民國八十九年三月簽立租賃契約乙紙（證一），內載明租賃物件包括如附表所示十二大項設備（證二），詎謂債務人自九十年三月起即無力正常繳付租金，積欠租金部份計達新臺幣壹仟壹佰肆拾玖萬肆仟元正，前開設備現置放於臺南市○○路○○號地下一樓。

　　揆供擔保作用係防止於保全程序中因其法律關係未定，設若因假扣押或假處分致使供擔保人於確定勝訴後權益受損，有無法回復原狀或回復原狀甚難時，供擔保人得對該部份擔保金請求；而一、聲請人所請對標的物噴漆定暫時狀態方式並不難回復原狀，二、且為雙方簽立租約所約定方式之一，故難謂對債務人產生損害，請准聲請人免提供擔保或酌定擔保金額為五十萬元。

　　按前開標的物確有必要定暫時狀態，定暫時狀態之必要者准用假處分之規定，民事訴訟法第 538 條定有明文，且依租約第四條第 D 項規定為表彰出租人權利得加烙印、貼紙及金屬片等方式為之，民事訴訟法第 535 條規定「假處分所必要之方法，由法院酌量定之。」，恐債務人變賣資產致日後有不能執行之虞，為此依民事訴訟法第 532 條及第 533 條之規定，願供擔保，以代釋明，特檢附租賃契約影本乙份，狀請　鈞院鑒核，賜准聲請人所請，俾利保全，實為德便。

證　據

證一：租賃契約影本乙紙。

證二：租賃設備照片乙批。

　　此　致

臺灣臺南地方法院　民事庭　公鑒

　　　　　　具　狀　人：○○股份有限公司

　　　　　　法定代理人：○○○

中　華　民　國　九　十　年　○　月　○　日

(5)假扣押催告函

郵局存證信函用紙

副 正 本 本		郵 局 存證信函第　　　號	一、寄件人	姓名：○○○　　　　　　　　　　印 詳細地址：台北市○○路○號○樓
			二、收件人	姓名：○○○ 詳細地址：台北市○○路○號○樓
			副　本 三、收件人	姓名： 詳細地址： （本欄姓名、地址不敷填寫時，請另紙聯記）

行\格	1	2	3	4	5	6	7	8	9	10	11	12	13	14	15	16	17	18	19	20
一	敬	啟	者	：																
二		查	臺	端	與	我	方	間	債	務	糾	葛	乙	事	，	前	經	我	方	提	供
三	新	臺	幣	○	○	萬	元	為	假	扣	押	擔	保	後	，	將	臺	端	所	有	之
四	不	動	產	假	扣	押	執	行	在	案	，	現	因	臺	端	已	清	償	全	部	借
五	款	，	我	方	亦	已	撤	回	假	扣	押	執	行	在	案	。	。				
六		現	以	此	函	催	告	臺	端	請	於	函	到	二	十	天	內	就	前	開
七	假	扣	押	受	有	損	害	部	分	向	我	方	主	張	權	利	，	若	逾	期	不
八	行	使	權	利	，	我	方	將	依	法	聲	請	法	院	裁	定	返	還	假	扣	押
九	擔	保	金	，	特	此	函	知	。											
十																				

本存證信函共　　　頁，正本　　　份，存證費　　　元， 　　　　　　　　　副本　　　份，存證費　　　元， 　　　　　　　　　附件　　　張，存證費　　　元， 　　　　　　　　　加具副本　份，存證費　　　元，合計　　　元。	黏	貼
經　　　　郵局 　年　月　日證明正本內容完全相同　（郵戳）　經辦員 　　　　　　　　　　　副　　　　　　　　　　主管　　印	郵　票　或 郵　資　券 處	

備
註

一、存證信函需送交郵局辦理證明手續後始有效，自交寄之日起由郵局保存
　　之副本，於三年期滿後銷燬之。

二、在　　頁　　行第　　格下塗改　　字　如有修改應填註本欄並蓋用
　　　　　　　　　　　增刪　　字　印（寄件人印章，但塗改增刪）
　　　　　　　　　　　　　　　　　　　每頁至多不得逾二十字

三、每件一式三份，用不脫色筆或打字機複寫，或書寫後複印、影印，每格
　　限書一字，色澤明顯、字跡端正。

（騎縫郵戳）　　　　　　　　（騎縫郵戳）

2-8 強制執行

(1)聲請直接變賣狀

狀　　　別：民事強制執行聲請狀

訴訟標的金額：新臺幣柒佰壹拾肆萬零千捌百肆十捌元零角元整

聲　請　人：○○股份有限公司　04723247

　　　　　　設 105 臺北市○○路○號○樓

法定代理人：○○○

　　　　　　住同右(02)2711-××××　轉分機 305

債　務　人：○○○

　　　　　　住 931 屏東縣佳冬鄉○○路○○號

為聲請強制執行事：

　　原債務人○○○原戶籍因門牌整編於 87.7.1 改為「屏東縣佳冬鄉○○路○○號」（證一）。

請求之標的

一、債務人應連帶給付新臺幣柒佰壹拾肆萬零捌佰肆拾捌元及自民國八十五年十二月八日起至清償日止按年息百分之二十計算之利息。

二、聲請程序費用及強制執行費用由債務人等連帶負擔。

執行名義

　　臺灣臺南地方法院○○年度慶執慎字第○○號債權憑證
（證二）。

執行標的

　　債務人○○○所有位於屏東縣佳冬鄉○○路○○號之動產
（包括雞隻約數萬隻及生財器具等）。

請求之原因及事實

　　緣聲請人持有臺灣臺南地方法院○○年度慶執慎字第○○
號債權憑證，內載明：「發現之財產，執行後所得之數額不足
清償債權。嗣後發現有可供執行之財產時，得提出本憑證聲請
強制執行」，現查債務人○○○設籍屏東縣佳冬鄉○○路○○
號（證一），且為該戶戶長，依社會通念認定該戶內之動產均
應為戶長所有，且據悉債務人限於該處飼養雞隻且數量約有數
萬隻之多，基於一、雞隻數量龐大、二、債權人自己無法保管
飼養且三、若保管不當有減少價值之虞。爰針對雞隻部份依強
制執行法第六十條第三款、第五款規定，狀請　鈞院鑒核，賜
准將查封雞隻部份准許依當日市價變賣，俾維權益，實為德便。

證　據

證一：○○○戶籍謄本乙份。

證二：臺灣臺南地方法院○○年度慶執慎字第○○號債權憑證
　　　正本乙份。

　　此　致

臺灣屏東地方法院　民事執行處　公鑒

　　　　　　　　　具　狀　人：○○股份有限公司

　　　　　　　　　法定代理人：○○○

中　華　民　國　九　十　年　○　月　○　日

(2)聲請核發債證狀 1

狀　　　別：民事聲請狀

案　　　號：98 年度司執字第××××× 號

股　　　別：○股

聲　請　人：○○股份有限公司　統一編號：1402××××

　　　　　　設 11670 臺北市文山區○○路○號○樓

法定代理人：○○○

　　　　　　住同上

送達代收人：○○○電話：8919-××××*××××

　　　　　　住同上

為聲請核發債權憑證事：

　　緣聲請人針對債務人○○有限公司等間清償票款強制執行案件，頃接　鈞院通知略謂第三人行庫均對扣押存款債權聲明異議，聲請人亦查無債務人其他財產，爰依強制執行法規定聲請　鈞院迅賜核發債權憑證結案，實感法便。

　　另為利結案，請　鈞院賜准將繳費紅聯擲回。

　　此　　致

○○地方法院民事執行處　公鑒

具　狀　人：○○股份有限公司

法定代理人：○○○

中　華　民　國　九　十　八　年　○　月　○　日

(3)聲請換發債證狀 2

狀　　　別：民事聲請狀

案　　　號：96 年執字×××××號

股　　　別：○股

聲　請　人：○○股份有限公司

　　　　　　(04)2706-××××經辦：黃專員

　　　　　　設臺中市○○路○號○樓

法定代理人：○○○

　　　　　　住同右

為聲請換發債權憑證事：

　　緣聲請人與債務人○○○間強制執行事件原經　鈞院以 96
年度執字第×××××號核發移轉命令在案，但經與第三人聯
絡得知債務人業已於 96.03.01 離職（附件），已無續為執行實
益，檢附債權憑證正本，狀請　鈞院註銷前開移轉命令，實為
法便。

　　此　　致

臺灣臺北地方法院　民事執行處　公鑒

證物：屏東法院 96 年執字第××××號債權憑證正本。

具　狀　人：○○股份有限公司

法定代理人：○○○

中　華　民　國　九　十　六　年　○　月　○　日

(4)追加執行聲請狀 1

民事追加執行聲請狀

案號及股別：95 年度執字第××××號　○股

聲請人	○○股份	設臺北市文山區○○路○號○樓
即債權人	有限公司	
法定代理人	○○○	住同上
		送達代收人○○○
		桃園市○○路○號○樓
		03-336××××
相對人	○○科技	設臺北縣中和市○○路○號○樓之 1
即債務人	股份有限	
	公司	
法定代理人	○○○	住同上

為聲請追加強制執行事件，依法聲請事：

　　查本件強制執行事件，業蒙　鈞院受理在案。茲因債務人之財產尚未足額清償，爰特聲請　鈞院准予追加鈞院前囑託臺灣○○地方法院（95 年執助正字第××××號）（附件一）對於○○商業銀行○○分行、○○國際商業銀行○○分公司強制執行扣押之款項（附件二），不勝德感。

　　謹　狀

臺灣○○地方法院民事執行處　公鑒

附件一：臺灣○○地方法院執行命令影本乙份。
附件二：○○商業銀行○○分行及○○國際商業銀行個金作業
　　　　處陳報扣押函件各乙紙。

　　　　　　具　狀　人：○○股份有限公司
　　　　　　法定代理人：○○○

中　華　民　國　○　年　○　月　○　日

(5)追加強制執行狀 2

狀　　　別：強制執行聲請狀

案　　　號：98 年度司執字第××××號

股　　　別：○股

聲　請　人：○○股份有限公司
　　　　　　設臺北市文山區○○路○號○樓

法定代理人：○○○
　　　　　　住同上

第　三　人：○○工程股份有限公司　統一編號：7509××××
　　　　　　設臺北市松山區○○街○號○樓

法定代理人：○○○
　　　　　　住同上

為聲請追加強制執行事：

　　緣聲請人對債務人等間清償票款強制執行乙事業經　鈞院
以 98 年度司執字第××××號受理在案，現發現債務人○○
有限公司於第三人○○工程股份有限公司（證三）處有應收工
程款債權，現狀請追加前開工程款債權為強制執行標的，依強
制執行法第 115 條規定聲請　鈞院核發扣押令並准許債權人收
取，以維權益，至感法便。

　　此　致

臺灣○○地方法院　民事執行處　公鑒

證三：經濟部商業司網站下載第三人公司登記資料。

　　　　　　　　具　狀　人：○○股份有限公司
　　　　　　　　法定代理人：○○○

中　華　民　國　九　十　八　年　○　月　○　日

(6)執行收據

收據

茲向

臺灣　　　　地方法院民事執行處領到協辦九十年度執

字第　　　　號。

債權人　　　　　與債務人　　　　因強制執行事件

誤餐費用新臺幣　　元整。

此　據

一、臺灣　　地方法院民事執行處

二、副本發債權人：

領款人：　　　　　　分局司法警察：

　　　　　　　　　　派出所

中　華　民　國　九　十　年　○　月　○　日

(7)強執追加比例聲請狀

狀　　　別：強制執行聲請狀

聲　請　人：○○股份有限公司　(04)2706-××××

　　　　　　設臺中市○○路○○號

法定代理人：○○○

　　　　　　住同右

債　務　人：○○○

　　　　　　住高雄市○○路○○號

第　三　人：統一證券股份有限公司

　　　　　　設 105 臺北市松山區東興路 8 號 1 樓、3 樓

為聲請追加執行標的事：

　　緣聲請人與債務人○○○間強制執行事件業原經　鈞院以九十五年度執公字第○○號核發移轉命令在案，原聲請人僅針對債務人<u>每月得支領各項勞務報酬（包括薪津、獎金、津貼、補助費等在內）每月薪資三分之一內</u>，但查各項獎金係為獎勵性質與其生活費用無涉，且其薪津（包括薪俸、津貼、補助費等在內）保留三分之二部分已足供其生活所需，故聲請追加執行標的為：<u>每月薪津（包括薪俸、津貼、補助費等在內）於三分之一範圍內，及工作、年終、考核、績效獎金之於四分之三範圍內</u>，禁止債務人○○○向○○證券股份有限公司收取或為

任何處分，並由聲請人逕向〇〇證券股份有限公司收取至前開債權全部清償為止。爰依強制執行法第 115 條規定，狀請　鈞院迅賜核發扣押命令予第三人公司，以維權益，至感法便。

　　此　致
臺灣臺北地方法院　民事執行處　公鑒

　　　　　　　　具　狀　人：〇〇股份有限公司
　　　　　　　　法定代理人：〇〇〇

中　華　民　國　九　十　五　年　〇　月　〇　日

(8)強執商標

狀　　　別：民事強制執行聲請狀

訴訟標的金額或價額：新臺幣玖拾伍萬壹千零佰零拾零元零角
　　　　　　　　　元整

聲　請　人：○○股份有限公司　0472××××
　　　　　　設 105 臺北市○○路○號○樓

法定代理人：○○○
　　　　　　住同右
　　　　　　(02)2711-2161　轉法務分機 305

債　務　人：○○股份有限公司
　　　　　　設 104 臺北市○○街○號

法定代理人：○○○
　　　　　　住 104 臺北市○○街○號○樓

第　三　人：經濟部智慧財產局
　　　　　　設 106 臺北市辛亥路二段 185 號 3 樓。

法定代理人：○○○
　　　　　　住同右

為聲請強制執行事：

請求之金額

　　新臺幣玖拾伍萬壹仟元整，及自民國八十四年十月二十一日起至清償日止按年利率百分之六計算之利息。

　　聲請程序費用及強制執行費用均由債務人負擔。

執行名義

　　臺北地方法院八十五年度民執壬字第××××號債權憑證。（證一）

執行標的

　　債務人○○股份有限公司所有如附表所示之二十二筆商標權。

請求之原因及事實

　　緣聲請人與債務人○○股份有限公司間清償債務案件，業經臺北地方法院核發八十五年度民執壬字第××××號債權憑證在案（見證一），內載明「發現債務人有可供執行之財產時，得提出本憑證聲請強制執行」，現查得債務人有如附表所示之二十二筆商標權，商標權主管機關為經濟部智慧財產局，併此陳報。爰依強制執行法規定，狀請　鈞院鑒核，賜准強制執行，俾維權益，實為德便。

證　據

證一：臺灣臺北地方法院八十五年度民執壬字第××××號債權憑證。

　　此　致

臺灣○○地方法院　民事執行處　公鑒

　　　　　　　　具　狀　人：○○股份有限公司
　　　　　　　　法定代理人：○○○

中　華　民　國　九　十　年　○　月　○　日

(9)重發移轉狀

狀　　　別：強制執行聲請狀

案　　　號：九十三年度執字第○○號

股　　　別：正股

聲　請　人：○○股份有限公司

　　　　　　設臺中市○○路○○號○樓

　　　　　　(04)2706-××××　經辦：黃專員

法定代理人：○○○

　　　　　　住同右

債　務　人：○○○M12068××××

　　　　　　住桃園市○○街○號

第　三　人：南山人壽股份有限公司

　　　　　　設臺北市中山區民權東路二段 144 號

為聲請重新核發移轉命令事：

　　原債權人（○○商業銀行）與債務人○○○間強制執行事件業原經　鈞院核發移轉命令九十三年度執字第○○號在案，現因債權業經讓與予聲請人○○（股）公司，特狀請　鈞院迅賜重新核發移轉命令予第三人，以維權益，至感法便。

　　此　致

臺灣臺北地方法院　民事執行處　公鑒

　　　　　　　　具　狀　人：○○股份有限公司
　　　　　　　　法定代理人：○○○

中　華　民　國　九　十　六　年　○　月　○　日

(10)陳報─異議

狀　　　別：民事陳報狀

案　　　號：九十年度執字第○○號

股　　　別：乙

陳　報　人：○○股份有限公司

　　　　　　設 105 臺北市○○路○號

法定代理人：○○○(02)2711-××××轉法務分機 305

　　　　　　住同右

為陳報事：

　　緣陳報人與債務人○○○給付票款強制執行事件業經　鈞
院以九十年度執字第○○○○號受理在案，現接鈞院通知第三
人○○○對債務人薪津部份聲明異議，但查附件函文所表應為
○○○內部發文簽辦（因其發文正本係對該黨組織發展委員
會），且該函文中並無一字否認有該薪津存在，要難認其係為
強制執行法上所謂「異議」，狀請　鈞院鑒核，至感法便。

　　此　致

臺灣臺北地方法院　民事執行處　公鑒

　　　　　　具　狀　人：○○股份有限公司

　　　　　　法定代理人：○○○

中　華　民　國　九　十　年　○　月　○　日

(11)陳報速發

狀　　　別：民事聲請狀

案　　　號：九十年度執字第××××號

股　　　別：乙

聲　請　人：○○股份有限公司

　　　　　　設 105 臺北市○○路○號○樓

　　　　　　(02)2711-××××轉法務分機 305

法定代理人：○○○

　　　　　　住同右

為聲請速發收取命令事：

　　緣聲請人與債務人○○○等間給付票款強制執行事件，業
經　鈞院以九十年度執字第××××號受理在案，且　鈞院已
於 90.3.23 核發扣押命令，但迄今尚未核發收取命令，惟第三人
○○○現已交付前開扣薪支票乙紙（90.7.4 聲請狀附件），特狀
請　鈞院鑒核，賜准速發收取命令，至感法便。

　　此　　致

臺灣臺北地方法院　民事執行處　公鑒

　　　　具　狀　人：○○股份有限公司
　　　　法定代理人：○○○

中　華　民　國　九　十　年　○　月　○　日

(12)聲請更正狀

狀　　　別：民事聲請狀

案　　　號：96 年執字第××××× 號

股　　　別：○股

聲　請　人：○○股份有限公司

　　　　　　設臺北市文山區○○路○號○樓

法定代理人：○○○

　　　　　　住同上

送達代收人：○○○　　(02)8919-××××

　　　　　　住同上

為聲請更正事：

　　緣聲請人與債務人○○科技（股）公司及○○科技有限公司間強制執行事件業經　鈞院以 96 年執字第××××× 號受理在案。

　　前奉　鈞院指示抄錄債務人公司登記事項卡，但接臺北市政府回函略謂：○○科技有限公司非股份有限公司（附件），經查係聲請人 96.11.07 聲請狀繕打錯誤，此查證物一債權憑證即可明瞭，懇請　鈞院諒察，重新賜發更正後執行命令，俾便抄錄債務人公司資料，以維權益，至感法便。

　　此　致

臺灣○○地方法院　民事執行處　公鑒

　　　　　　　具　狀　人：○○股份有限公司
　　　　　　　法定代理人：○○○

中　華　民　國　九　十　六　年　○　月　○　日

(13)聲請變賣

狀　　　別：民事聲請狀

案　　　號：八十九年度執字第○○○○○號

股　　　別：○股

聲　請　人：○○股份有限公司

　　　　　　設 105 臺北市○○路○號

　　　　　　(02)2×××-×××1　轉法務分機 305

法定代理人：○○○

　　　　　　住同右

為聲請變賣事：

　　緣聲請人與債務人○○有限公司等因給付票款執行事件業經　鈞院以八十九年度民執字第○○○○○號受理在案，且於八十九年十二月十三日導往查封債務人○○有限公司質押之動產即毛皮乙批，債務人○○有限公司曾出具質押同意書（原證二）內載明「同意債權人得無需通知或公告，逕以公開或不公開方式出售第三人」云云，且前聲請狀已敘明因皮革已產生變質、腐化情形，實不宜再以拍賣方式遷延時日，爰依強制執行法第 60 條第一款、第 3 條規定，狀請　鈞院迅賜改以變賣方式作價新臺幣六萬元出售，以維權益，至感法便。

證　據

證六：○○有限公司出具報價單影本乙份。

　　　此　致
臺灣臺南地方法院　民事執行處　公鑒

　　　　　　　　　具　狀　人：○○股份有限公司
　　　　　　　　　法定代理人：○○○

中　華　民　國　九　十　年　○　月　○　日

(14)查債務人財產函

法院例稿 （查詢債務人財產）

臺灣○○地方法院民事執行處函　中華民國○年○月○日
○院○執字第○○○○號

受　文　者：財政部財稅資料中心

　　　　　　設臺北市忠孝東路四段五四七號

　　　　　　○○○稅捐稽徵處○○分處　　　　設

　　　　　　臺灣證券集中保管股份有限公司

　　　　　　設臺北市復興北路三六三號十一樓

主　　　旨：請查明債務人○○○（住○○○○○，身分證字號
　　　　　　○○○○）（財產）（所得）（營業）（納稅）（開
　　　　　　戶往來卷商資料）惠復。

說　　　明：

　　　　一、本院○○年○執字第○○○○號強制執行事件，對
　　　　　　前開事項認有調查之必要。

　　　　二、依據強制執行法第 19 條辦理。

　　　　　　　　　　　　　　　　　　　　　　　　法官

(15)電力公司協助函

法院例稿　（電力公司協助函）

臺灣○○地方法院民事執行處函　中華民國○年○月○日
○院○執字第○○○○號

受　文　者：臺灣電力股份有限公司○○辦事處

副本收受者：債權人○○○

主　　　旨：請於○○年月○日派員剪除債務人○○○所有如附
　　　　　　表所示房屋之電線，以策安全。

說　　　明：

　　　　一、本院○○年○執字第○○○○號強制執行事件，訂
　　　　　　於上開期日執行拆除，請派員協助。

　　　　二、債權人應於期日前逕與電力公司人員聯繫指明執行
　　　　　　地址（如附表）。

法官

附表：

(16)發動查薪狀

狀　　別：強制執行聲請狀

訴訟標的金額或價額：新臺幣玖萬肆仟零貳拾柒元整

聲　請　人：○○股份有限公司　(04)2706-××××

　　　　　　設 407 臺中市○○路○號○F

法定代理人：○○○

　　　　　　住同右

債　務　人：○○○A12345678×

　　　　　　住臺中縣豐原市○○路○號

第　三　人：勞工保險局

　　　　　　設 10013 臺北市羅斯福路一段 4 號

為聲請調查債務人財產狀況事：

請求金額

一、新臺幣玖萬肆仟零貳拾柒元及自民國九十四年九月二十一
　　起至清償日止，按年利率百分之十二計算之利息，暨自民
　　國九十四年十月十六日起至清償日起，其逾期在六個月以
　　內者按上開利率百分之十，超過六個月者按上開利率百分
　　之二十計算之違約金。

二、取得執行名義之費用及執行費用均由債務人負擔。

執行名義

　　臺灣臺中地方法院 94 年度豐小字第×××號民事確定判決。（證物一）

聲請之理由

一、原債權讓與人○○銀行股份有限公司與債務人○○○間債務清償事件，業已與聲請人（即債權受讓人）○○股份有限公司簽訂「不良債權讓與契約書」就本案繫屬之本金暨利息（含已發生者）、違約金（含已發生者）、墊付費用等債權、擔保物權及其他從屬之權利一併讓與債權受讓人（證物二），依強制執行法第四條之二規定，聲請人即為繼受權利人，合先敘明。

二、檢附陳報人營利事業登記證影本（證物三）及行政院金管會網站下載臺財融（三）字第 0908010347 號函（證物四）以供釋明，本公司營業登記項目確有「HZ02010 辦理金融機構金錢債權收買業務」乙項，依前開函釋令本公司即適用金融機構合併法第 15 條第一項第一款及第 18 條第三項之規定，得以公告代通知，前開公告業於九十五年十二月二十七號公告在民眾日報（詳前附之債權讓與證明書），對債務人自公告之日起立即發生效力，無需通知債務人，併此敘明。

三、現為瞭解債務人之財產狀況，經查第三人勞工保險局知悉債務人之工作狀況，依司法院民事法律專題研究（十七）

研討結論認：執行法院對於債權人聲請函查債務人之財產，不得拒絕，應依債權人之聲請調查之。（證物五）

爰依強制執行法第 19 條規定，狀請　鈞院迅賜以勞保電子匣門查詢投保狀況，以維權益，至感法便。

　　請將函查結果直接告知，如債務人於　鈞院查無財產，請求換發債權憑證結案。

　　此　致

臺灣臺中地方法院　民事執行處　公鑒

證物一：臺中地方法院94年度豐小字第×××號民事確定判決正本。

證物二：債權讓與證明書正本及○○商業銀行印鑑證明影本各乙份。

證物三：○○公司營利事業登記證影本乙份。

證物四：臺財融（三）字第 0908010347 號函影本乙份。

證物五：民事法律專題研究（十七）影本節錄。

　　　　　　　　　具　狀　人：○○股份有限公司

　　　　　　　　　法定代理人：○○○

中　華　民　國　九　十　六　年　○　月　○　日

A.民事法律專題研究

民事法律專題研究（十七）第五則

（1）問題要旨

　　債權人依強制執行法第四條第一項各款（第五款除外）之金錢請求執行名義聲請強制執行因查無債務人財產，而聲請執行法院向稅捐機關函查債務人之財產，執行法院可否予以拒絕？

（2）強制執行法第十九條第一項、第二項。

　一、法律問題：

　　　　債權人依強制執行法第四條第一項各款（第五款除外）之金錢請求執行名義，聲請對債務人之財產強制執行，惟因查無債務人財產，故依本法第十九條第二項之規定，聲請執行法院向稅捐機關函查債務人之財產，執行法院可否予以拒絕？

　　　　（相關法律及條文：強制執行法第十九條第一項、第二項）

　二、討論意見：

　　　甲說：肯定說。得予拒絕，但應敘明理由以裁定方式駁回之。

本法第十九條第二項係規定，執行法院「得」向稅捐或其他有關機關、團體或知悉債務人財產之人調查債務人之財產狀況，此為立法者授權法院行使調查債務人財產方法之一，故法院自有裁量權視有無調查之必要而有不同之處置，但如認無調查之必要時，則應以裁定駁回之，以給予債權人異議救濟之機會。

乙說：否定說。不得拒絕，應依債權人之聲請調查之。

關於債務人之財產狀況，債權人有時並不易取得資料，而執行事件之調查，係屬國家公權力之行使，本次修法為強化執行法院之調查權，兼顧債權人之利益及執行績效，並強調職權調查之意旨，特修正強制執行法第十九條第一項之規定：「執行法院對於強制執行事件，認有調查之必要時，得命債權人查報，或依職權調查之」。債權人既已盡其調查之能事仍不能發現債務人財產，法院自應依職權調查之，茲債權人既已聲請法院行使本法第十九條第二項之調查權（有立法委員稱此項為反脫產條款），法院自不得怠於調查，以符立法意旨。

丙說：折衷說。

一、如債權人之執行名義為終局執行者，採乙說。

二、如債權人之執行名義為假扣押裁定之保全執行時，採甲說。

　　蓋依民事訴訟法第五百二十六條第二項之
規定，債權人雖未釋明請求及假扣押之原因，
如就債務人所應受之損害已提供法院鎖定之擔
保者，得命為假扣押，故債權人是否確有其主
張之債權，尚不明確，如一律准許假扣押債權
人函調債務人財產，則易造成為瞭解某人之財
產狀況，虛偽主張對某人之債權取得假扣押裁
定，在藉由法院行使強制執行法第十九條之規
定，以達其目的之弊。

三、研討結論：

　　　採乙說。

摘自「司法院司法業務研究會第三十七期研究專輯」P166-169

B.勞保局電子閘門查詢覆函

勞保局電子閘門查詢作業被保險人投保資料查詢

司法院：○○○

※您輸入的查詢條件如下：

身份證號：A12345678X／／保險別：勞保＋就保／／縣市異動

指定：加保＋退保

※查詢結果如下（結果註記＝正常）

保險別：勞保＋就保　姓名：○○○　身份證號：A12345678X

出生日期：0690×××　年資起迄日：084××××－097××××

保險證號	單位名稱	異動別	異動日期	投保薪資
0507××××	××玻璃行	加保	084××××	15000
0507××××	××玻璃行	退保	085××××	15000
0122××××	××企業股份有限公司	加保	087××××	16500
0122××××	××企業股份有限公司	退保	088××××	16500
0200××××	××縣餐飲業職業工會	加保	091××××	18300

(17)陳報狀

狀　　　別：民事陳報狀

案　　　號：97年執字第×××××號

股　　　別：○股

陳　報　人：○○股份有限公司

　　　　　　設臺北市○○路○號○樓

法定代理人：○○○

　　　　　　住同上

為陳報事：

　　緣陳報人與債務人間清償票款強制案件業經　鈞院以97年執○字第×××××號受理在案，原聲請人針對債務人於第三人臺北市政府工務局新建工程處有保固金債權 750,000 元聲請執行，頃接　第三人函文乙份，略謂：待第三人依相關程序辦理保固保證金實行質權作業程序後，再依　鈞院指示將前開款項支付　鈞院，特此陳報。

　　此　致

臺灣臺北地方法院　民事執行處　公鑒

具　狀　人：○○股份有限公司

法定代理人：○○○

中　華　民　國　九　十　七　年　○　月　○　日

(18)強執陳報財產狀

狀　　　別：強制執行聲請狀

訴訟標的金額或價額：新臺幣玖佰貳拾萬元整

聲　請　人：○○股份有限公司

　　　　　　設臺北市文山區○○路○號○樓

法定代理人：○○○

　　　　　　住同上

送達代收人：○○○　(02)8919-××××*××××

　　　　　　住同上

債　務　人：○○工程股份有限公司

　　　　　　設 10596 臺北市○○路○號○樓

法定代理人：○○A120766×××

　　　　　　住 10667 臺北市大安區○○路○號

清　算　人：○○A120766×××

　　　　　　住 10667 臺北市大安區○○路○號

清　算　人：○○○○A225876×××

　　　　　　住 106 臺北市大安區○○路○號○樓

清　算　人：○○○A102844×××

　　　　　　住 10684 臺北市大安區○○路○號○樓

為聲請命清算人等陳報債務人○○公司財產情況事：

請求金額

一、新臺幣玖佰貳拾萬元及自支付命令送達之翌日起至清償日
止，按年利率百分之五計算之利息。

二、取得執行名義之費用及執行費用均由債務人負擔。

執行名義

臺灣臺北地方法院 96 年度執字第××××號債權憑證。
（證一）

聲請之事項

緣債務人○○工程股份有限公司（以下簡稱○○公司）業
於 94.10.28 臺北市政府以府建商字第 0940376×××號函廢止
登記在案（證二），合先敘明。

前聲請人函詢　鈞院民事庭○○公司之清算人有無陳報就
任，鈞院民事庭 97.01.22 以北院隆民科明字第 0970000×××號
函覆：尚未受理○○公司聲報清算人事件（證三）。

查公司法第三百二十二條規定：公司之清算以董事為清算
人。育詰公司之清算人，依該公司變更事項登記卡（證二）之
記載應為其董事○○、○○○及○○○。依法清算人應有收取
債權、清償債務（公司法第三百三十四條準用第八十四條第一
項第二款）、造具公司財產目錄（公司法第三百三十四條準用
第八十六條）等義務。

　　故清算人○○、○○○及○○○係為強制執行法所明訂之「知悉債務人財產之人」，且強制執行法第十九條第二項規定「執行法院得向……知悉債務人財產之人調查債務人財產狀況，受調查者不得拒絕。」，爰依強制執行法第十九條第二項規定，狀請　鈞院迅賜命清算人等陳報債務人○○公司財產情況，以維權益，至感法便。

　　此　致
臺灣臺北地方法院　民事執行處　公鑒

證一：臺北地院 96 年度執字第××××號債權憑證正本。
證二：○○科技股份有限公司變更事項登記卡正本乙份。
證三：鈞院 97.1.22 北院隆民科明字第 0970000×××號函影本。

　　　　　　　具　狀　人：○○股份有限公司
　　　　　　　法定代理人：○○○

中　華　民　國　九　十　七　年　○　月　○　日

(19)聲請發附條件扣押令狀

狀　　別：強制執行聲請狀

案　　號：97 年執○字第××××號

聲　請　人：○○股份有限公司
　　　　　　設臺北市文山區羅斯福路 6 段 107 號 1 樓

法定代理人：○○○
　　　　　　住同上

為聲請核發附條件扣押命令事：

　　緣聲請人與債務人間清償票款強制案件業經　鈞院以97年執○字第××××號受理在案，原聲請人針對債務人於第三人臺北市○○局○○○○○處有保固金債權 750,000 元聲請執行（97.4.14 期滿），頃接　鈞院函轉第三人聲明異議狀乙份，經查前開聲明異議狀並非否認保固款債權存在，僅係因保固期間尚未屆至故無從遵造　鈞院指示扣押。

　　爰依強制執行法第 115 條第三項規定聲請　鈞院核發附條件扣押令，於條件成就時准許債權人扣押收取，以維權益，至感法便。

　　此　致

臺灣臺北地方法院　民事執行處　公鑒

　　　　　　　　具　狀　人：○○股份有限公司

　　　　　　　　法定代理人：○○○

中　華　民　國　九　十　七　年　○　月　○　日

(20)債權計算書

執行案號：　　　　　債務人：○○○

編號	債權總類	金額	利息、違約金計算起迄期間		結算	利率%	本件執行費明細	行費（註）
			結算起日	結算迄日	日數	（年息）	執行費明細	金額
1	債權原本	$47,991					強制執行費	$384
2	利息	$3,863	民國94年4月29日	民國94年10月7日	161	18.25%	郵資	$-
3	違約金（10%）	$439	民國94年5月16日	民國94年11月15日	183	1.825%	鑑定費	$-
4	違約金（20%）	$2,308	民國94年11月16日	民國96年3月12日	481	3.65%	拍賣公告登報費	$-
5	違約金合計	$2,747						
6	本件執行費（註）	$384						
7								
8								
	債權總額	$54,986					執行費用合計	$384

債權陳報人：○○股份有限公司　　　　簽章　　付收據　　張

中華民國九十六年三月十四日製

(21)駁回異議聲請狀

狀　　　別：民事聲請狀

案　　　號：九十年度執字第○○○○號

股　　　別：強股

聲　請　人：○○股份有限公司　　0472××××

　　　　　　設 105 臺北市○○路○號○樓

　　　　　　(02)2711-××××　　轉法務　分機×××

　　　　　　法定代理人：○○○

　　　　　　住同右

為聲請事：

　　緣聲請人與債務人○○股份有限公司等間強制執行事件，業經　鈞院以九十年執強字第○○號受理在案，頃接　鈞院 90.7.31 通知第三人經濟部加工出口區管理處以 90.7.24 經加處（90）二建字第 0900630××××號函聲明異議，然依司法院頒「強制執行手冊」第 191 頁載明「第三人聲明異議，如已逾十日期間或未以書狀為之，應認其異議不合法，以裁定駁回之。」，現第三人既未以書狀而係以函文聲明異議，爰狀請　鈞院鑒核，迅賜裁定駁回第三人異議，實為德便。

　　謹　狀
臺灣高雄地方法院　民事執行處　公鑒

　　　　　　　　具　狀　人：○○股份有限公司
　　　　　　　　法定代理人：○○○

中　華　民　國　九　十　年　○　月　○　日

(22)聲請速行狀

狀　　　別：民事聲請狀

案　　　號：八十九年度執字第×××××號

股　　　別：○股

聲　請　人：○○股份有限公司　0472××××
　　　　　　設 105 臺北市○○路○號○樓
　　　　　　(02)2711-××××　轉法務　分機×××

法定代理人：○○○
　　　　　　住同右

為聲請速行收取事：

　　緣聲請人與債務人○○○等清償債務強制執行事，緣經鈞院以八十九年執字第×××××號受理在案，且針對債務人郭振榮對第三人○○證券股份有限公司（已被○○證券股份有限公司合併）囑託臺北地方法院代為執行（89 執助乙字第××××號），並經該院核發支付轉給命令，據悉前開扣薪支票已由第三人於今年一月、七月二次陳報　鈞院，惟聲請人迄今尚未領取前開案款，狀請

　　鈞院鑒核，賜准聲請人速行收取前開執行款項，至感法便。

　　謹　狀

臺灣高雄地方法院　民事執行處　公鑒

　　　　　　　　　具　狀　人：○○股份有限公司

　　　　　　　　　法定代理人：○○○

中　華　民　國　九　十　年　○　月　○　日

2-9 刑事

(1)刑事告發狀 1

狀　　　別：刑事告發狀

告　發　人：○○股份有限公司

　　　　　　設臺北市○○路○號○樓

法定代理人：○○○

　　　　　　住同上

送達代收人：○○○(02)8919-××××

　　　　　　住同上

犯罪嫌疑人：○○○（現更名為○○○）　T12189××××

　　　　　　住臺北市大安區○○路○號○F

為提起刑事告發事：

　　緣犯罪嫌疑人○○○前於 97.5.9 於 97 年度重訴字第×××
號清償債務事件審理中，於庭訊中自承「法官問：本件概括承
受切結書上的被告○○企業股份有限公司印章如何而來？被告
○○股份有限公司訴訟代理人（即犯罪嫌疑人○○○）答：那

是因為時間急迫我才會自行去刻一份印章蓋上去，被告○○企業股份有限公司並未當我們的保證人。」（證一）。

　　查犯罪嫌疑人自承偽造印章之行為似已該當刑法第 210 條、第 217 條等罪嫌，爰向　鈞署提出刑事告發，請依法處理。

　　　此　致
臺灣臺北地方法院檢察署　公鑒

證物一：97 年度重訴字第×××號清償債務事件庭訊筆錄影本
　　　　　乙紙。
證物二：犯罪嫌疑人○○○（更名○○○）之戶籍謄本影本乙份。

　　　　　　　　　具　狀　人：○○股份有限公司
　　　　　　　　　法定代理人：○○○

中　華　民　國　九　十　七　年　○　月　○　日

(2)刑事告發狀 2

狀　　　別：刑事告發狀
告　訴　人：○○股份有限公司
　　　　　　(04)2706-××××經辦：黃專員
　　　　　　設臺中市○○路○號○樓
法定代理人：○○○
　　　　　　住同右
被　　　告：○○○T12330××××
　　　　　　住屏東縣屏東市○○路○○號

為提起刑事告發事：

　　緣告訴人與被告○○○間強制執行事件原經　臺灣臺北地方法院於 96.02.16 核發 96 年度執字第○○號扣押命令在案（證物一），但經與第三人聯絡得知被告業已於 96.03.01 離職（證物二），且於 96.03.05 領畢二月份薪資，前開扣押命令業已於被告離職前合法送達（請　鈞署向臺北地院調取），被告行為業已該當刑法第三百五十六條規定「債務人於將受強制執行之際，意圖損害債權人之債權而損壞、處分或隱匿其財產者」，且告訴人於 96.04.09 以臺中何厝郵局第○○號存證信函催告被告出面解決均置之不理，爰依刑法向　鈞署提出刑事告訴，實為法便。

　　此　致
臺灣臺北地方法院檢察署　公鑒

證物一：臺北地院 96 年度執字第○○號命令影本。
證物二：被告○○○96.03.01 勞工保險退保申報單
證物三：96.04.09 臺中何厝郵局第○○號存證信函

　　　　　　　　具　狀　人：○○股份有限公司
　　　　　　　　法定代理人：○○○

中　華　民　國　九　十　六　年　○　月　○　日

(3)刑事告發狀 3

狀　　　別：刑事告發狀

告　訴　人：○○股份有限公司

設臺北市○○路○號○樓

法定代理人：○○○

住同上

送達代收人：○○○(02)8919-××××*×××××

住同上

犯罪嫌疑人：○○股份有限公司 8990××××

住臺北市○○路○號○樓

法定代理人：○○○

住同上

犯罪嫌疑人：○○○H10122××××

住臺北市○○路○號○樓

為提起刑事告發事：

　　據經濟部商工登記資料網站資料顯示（證物一）犯罪嫌疑人○○（股）公司其法定代理人及公司所在地均有變更（與票據資料不符），合先敘明。

　　緣犯罪嫌疑人○○（股）公司前於 95.12.08 邀同○○（股）公司等共同開立本票乙紙（證物二），作為承攬本公司「○○

大樓」之預借預付款之保證，但查該公司於經濟部商工登記資料顯示業於 95.05.20 停業至 96.05.19（證物三）；而另犯罪嫌疑人○○○（證物四）係為發票當時之法定代理人，亦為前開本票之共同發票人。

系爭本票於 95.12.08 所開立，但前開日期共同發票人○○（股）公司係停止營業中，犯罪嫌疑人等之開立票據行為似已該當刑法詐欺等罪嫌，爰依刑法向　鈞署提出刑事告發，實為法便。

　　此　致
臺灣臺北地方法院檢察署　公鑒

證物一：經濟部商工登記資料網站下載資料影本乙份。
證物二：系爭本票影本乙紙。
證物三：經濟部商工登記資料網站下載資料影本乙份。
證物四：○○○之身分證影本乙份。

　　　　　　　　　具　狀　人：○○股份有限公司
　　　　　　　　　法定代理人：○○○

中　華　民　國　九　十　七　年　○　月　○　日

(4)改傳喚刑事證人狀

狀　　　別：聲請狀

案　　　號：98 年度他字第×××號

股　　　別：○股

聲　請　人：○○股份有限公司　統一編號：1402××××

　　　　　　設 11670 臺北市文山區○○路○號○樓

法定代理人：○○○

　　　　　　住同上

送達代收人：○○○電話：8919-××××*××××

　　　　　　住同上

為聲請改傳喚證人乙事：

　　緣本公司法定代理人○○○先生頃接　貴署98年度他字第
×××號刑事證人傳票，待證事實係被告○○○涉嫌詐欺乙
事，因○○○先生係為行政院○○委員會所指派之法人代表，
對前開案件細節並不瞭解恐貽誤　鈞署辦案時程，是否建請
鈞署改傳喚本公司法務人員○○○（身分證字號：Y12028××
××）出庭作證，俾便　鈞署盡速釐清案件實情。

　　此　致
〇〇地方法院檢察署　公鑒

　　　　　　　　具　狀　人：〇〇股份有限公司
　　　　　　　　法定代理人：〇　〇　〇

中　華　民　國　九　十　八　年　〇　月　〇　日

(5)附帶民事求償狀

狀　　　別：附帶民事求償狀

案　　　號：97年度○字第○○號

股　　　別：○股

聲　請　人：○○股份有限公司

　　　　　　設臺北市文山區○○路○號

法定代理人：○○○

　　　　　　住同右

送達代收人：○○○

　　　　　　住同右　　8919-××××*××××

為提起附帶民事求償事：

　　爰　鈞署97年偵字第○○號竊盜案件本公司係為該案件直接受害人，現檢附電纜遭竊損失清單及修復費用明細表暨廠商報價單各乙份，提出附帶民事求償 NT＄192,890，狀請　鈞院鑒核，以維權益，至感法便。

　　此　　致
○○地方法院檢察署　公鑒

　　　　　　　具　狀　人：○○股份有限公司
　　　　　　　法定代理人：○○○

中　華　民　國　九　十　八　年　○　月　○　日

2-10 自行拍賣

如何依動產擔保交易法自行拍賣動產

主　旨：復　貴公司詢問動產拍賣如不經法院拍賣，得否自
　　　　行拍賣？其流程究應如何進行？

說　明：

一、法令依據：依民法債篇施行法第 28 條規定：民法債篇
　　所定之拍賣，在拍賣法未公布施行前，得照市價變賣但
　　應經公證人、警察機關、商業團體或自治機關之證明。

二、現今實務上行庫辦理動產抵押車輛（亦為法律上之
　　動產）拍賣，亦多援引該條規定經公證人或商業團
　　體之證明而自行拍賣。

三、自行拍賣之優點如下：1.無需法院拍賣，不足部分再
　　聲請換發債證，可節省 0.8%執行費用；2.無需法院
　　拍賣免去冗長時間，且減少動產折舊；3.因大多自行
　　拍賣業已尋得買主，可先簽立預購契約及收取定金。

四、自行拍賣之流程如下：
　　尋找鑑價公司（最好為法院所指定之鑑價公司）→
　　鑑價→訂底價&拍賣期日→洽定民間公證人〈需注
　　意管轄問題〉→登報（需定五日以上期限）→公證

人蒞臨證明拍賣〈拍賣會仍需自行主持〉→公證人
製作證明書〈代理人需出具委任書〉

附件：1.通知鑑價公司函件範本，2.自行拍賣公告範
本，3.委託書範本

TO：○○吳副總

FROM：

事由：委請代為鑑定動產價格乙事。

說明：

一、標的物明細及規格：

標的物名稱	規格及形式	製造廠牌	數量
六重式 飛剪設備	厚度 0.2-2.0mm、 寬度 250-1300mm	KOWA	壹組

二、動產所在位置：（因現進行拆簽中，故分二部份存放）

1. 高雄市小港區大業南路○○號。（○○實業有限公
司廠址）

2. 高雄縣仁武鄉仁武工業區○○路○○號。

三、注意事項：

1. 因小港區廠房現委請保全人員看管中，如需前往鑑價
最好先行聯絡拆遷人員並準備身分證以便登記入內。

2. 聯絡人員電話：

四、檢附文件

動產抵押設定文件三頁。

PLS 盡速處理，至感！

○○股份有限公司公告

主　　旨：定期拍賣債務人○○股份有限公司所有之動產。

依　　據：動產擔保交易法第十八條規定辦法。

公告事項：

一、動產明細如下：

標的物名稱	規格及形式	製造廠牌	數量
六重式飛剪設備	厚度 0.2-2.0mm、寬度 250-1300mm	KOWA	壹組

備註：標的物業經高雄市建設局以高市建一動字第○○○○號設定動產抵押予本公司。

二、動產所在地：高雄縣仁武鄉仁武工業區○○路○○號。

三、拍賣日時：民國九十一年五月三十日上午十時三十分。

四、拍賣處所：臺北市○○路○○號○樓○○有限公司會議室。

五、拍賣方式：本次拍賣設底價（不公開），由競標者喊價，得標後需立即將價金（票）繳付本公司。

六、其餘事項：拍定後當場點交，本公司不負瑕疵擔保責任。

七、本公告錄登事項，如與本公司公告欄揭示之公告不符時，以後者為準。

董事長　　○○○

中　華　民　國　九　十　一　年　○　月　○　日

委託書

立委託書人（以下簡稱立書人）	○○國際租賃有限公司
受委託人（以下簡稱受託人）	

　　立書人茲委託受託人代為處理競標六重式飛剪設備一切事宜，本委託並無限制，就前開委託範圍內受託人所為一切簽約、簽章、訴訟、和解、複委任等行為均視為立書人所親為，有完全法律上效力。

　　此致
中央租賃股份有限公司

立　書　人：○○國際租賃有限公司

法定代理人：○○○

住　　　址：臺南縣永康市中山北路○○號

受　任　人：

身分證字號：

住　　　址：

中　華　民　國　九　十　一　年　○　月　○　日

2-11 聲請夜間執行

訴狀範例　（聲請夜間執行）

狀　　　別：民事強制取回聲請狀

訴訟標的金額或價額：新臺幣　壹佰萬零千零百零十零元零角元整

聲　請　人：○○股份有限公司　設 105 臺北市○○路○號

　　　　　　（02）2×××-×××1　轉法務

法定代理人：○○○　住同右　分機 305

債　務　人：○○客運股份有限公司　×××××××××

　　　　　　設 702 臺南市南區○○路○號

法定代理人：○○○　D12345678×　住同右

為聲請強制執行取回附條件買賣標的物事：

　　聲請人原公司代表人係×××先生，業於民國八十四年十一月更換公司代表人為○○○先生，茲檢附經濟部公司執照為憑〔證一〕，合先敘明。

一、緣債務人○○汽車客運股份有限公司前於八十四年十月二十三日以附條件買賣方式向聲請人購買如附表所示之特大營業客車共十一臺，並經臺灣省公路局嘉義區監理所以八十四南動登○○○○○號、八十四南動登○○○○○號登記在案。（證二）

二、詎債務人於八十五年三月起即無力支付買賣價金，其為支
　　付買賣價金所簽發之支票經提示竟遭退票（證三），顯已
　　違反買賣契約之約定。

三、聲請人以附條件買賣出售之車輛為遊覽車型式，專供不特
　　定團體租用遊覽（例如：進香、學生畢業旅行、私人機構
　　團體旅行），其行使路線不特定，除有連續假日，大多於
　　夜間十二時後置放於保養廠，即鈞院轄區內，臺南市南區
　　○○路○號。但因執行標的之車輛為遊覽車，日間皆營業
　　在外，且恐有職工抗爭或隱匿執行標的情事，而無法順利
　　執行，為此爰依強制執行法第五十五條第一項規定，懇請
　　鈞院定期於日沒後為執行，甚感德便。

四、執行標的依市價（證四）認定價值為新臺幣壹佰萬元整，
　　據此為執行標的價額，並此敘明。

五、本件執行標的並非供臺南市民於縣市區內交通使用，無礙
　　大眾運輸功能。

　　　為此，爰依附條件買賣契約書第 9 條、第 13 條及動產擔保
交易法之規定，狀請　鈞院鑒核，賜准予強制執行取回附條件
買賣標的物，並速定執行期日，俾維權益，至感法便。

證　據
證一：經濟部公司執照影本乙份。
證二：附條件買賣契約書正本乙份。
證三：支票及退票理由單影本乙份。
證四：估價單影本乙份。

　　　此　致
臺灣臺南地方法院　民事執行處　　公鑒

　　　　　　　　具　狀　人：○○股份有限公司
　　　　　　　　法定代理人：○○○

中　華　民　國　九　十　年　○　月　○　日

2-12 查封專案行動企畫書

查封專案行動企畫書
「○○查封專案」行動計畫表

一、查封標的公司：○○股份有限公司

　　查封標的物：○○股份有限公司○○廠動產機器設備

　　執行案號：○○年度執字第○○○號股○

二、同仁集合時間：○○年○月○日○時於○處大門前

　　（基本裝備：帽子、長褲、並請戴防風砂之太陽眼鏡）

三、聯絡窗口：經辦 AO×××TEL：09123456789

四、查封區域說明：

　　共分為五區，明細如下：

　　第一區：辦公室及物料倉庫共二區：物料倉庫區之鐵捲門
　　　　　　打不開，惟側邊鐵門可以利用工具撬開。

　　第二區：○○區－均為木箱，擬就地拆箱至足以辨識設備
　　　　　　名稱。

　　第三區：○○區，小部分設備拆封，大部分未拆封，另有
　　　　　　○件大型船運之貨櫃箱。

　　第四區：辦公室後方：均為大型貨櫃箱，且散落於戶外，
　　　　　　拆箱確認物品後，應使用防水帆布覆蓋並打樁及
　　　　　　利用繩索固定，以免風雨侵蝕。
　　第五區：○○區：約○箱有幾箱特別大，原則上以使用防
　　　　　　水帆布蓋為主，另使用的機器設備承載重量應適
　　　　　　用，已請包商事前評估。

五、行動說明：

　A.物品拆箱之難易度已請承包商事前評估，並要求包商拆箱
　　人員一定要專業，希望拆完後能回復原狀並加裝簡易門，
　　以利未來洽買主處分期間能維護設備完整性，故現場應有
　　指揮人員充分掌握。

　B.欲使用之機器設備是否能於廠區內地形運轉請事先確認。

　C.大型鐵櫃拆箱請先確認如何進行？

六、其他問題研究：

　A.若可分區作業，以一工程師搭配二法務人員進行設備之辨
　　識造冊及標籤之張貼、設備照相存證。

　B.若下雨天如何進行？結論：雨天改以室內設備拆箱為主。

　C.現場執行動線將於○月○日現場作最後確認。

　D.尚需使用之物品：識別證、水、急救箱、面紙、防蟲液、
　　手套、噴漆、電池、對講機、麥克筆、相機、底片、膠帶、
　　雙面膠、塑膠雨衣、手電筒及標籤等。

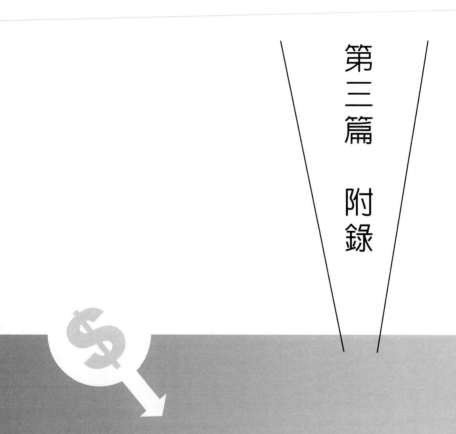

第三篇　附録

債權確保

一、債權確保的意義與目的

債權確保就是，停看聽，以免搭上鐵達尼

債權確保就是，上船前先知道救生艇在哪裡

債權確保就是，上船前先預定救生艇座位

債權確保就是，上船前先確認救生艇訂位沒問題

債權確保就是，沒訂位也要比別人先上救生艇

債權確保就是，上不了救生艇也要抓件救生衣

債權確保就是，沒有救生衣也要努力不懈

債權確保就是，上船及沈船前後，爭取上岸保障的一切手段

二、催收的意義與目的

催收就是以一切不違法的方式，催促或強制客戶還債

催收就是不斷協商的過程

催收的最高境界是不打官司要到錢

催收的唯一目的就是實現收入

三、債權確保作業與催收間的關係

債權確保是為催收鋪路的工作

債權確保工作與催收同為實現債權的二個輪子

債權確保做不好，催收很難搞

四、確保債權的階段工作要點

A 簽約前

　明查暗訪，掌握客戶、保證人財產資料

　哪些財產資料，我們應該瞭解掌握

　爭取對客戶或保證人財產優先受償權

B 簽約時

　再次確認契約與相關文件內容正確

　確認契約與相關文件內容與原商定條件一致

　確認契約簽署人身分，並有權簽署

C 簽約後

　三不五時，看看船有沒有進水的跡象

　有事沒事，清點一下救生艇

　救生艇被賣、故障、不見了，怎麼辦

D 違約時

　先清點救生艇

　爭取更多的救生艇

　不要讓救生艇跑掉了

　　（本文係摘錄自前長官簡俊宏自編授課講義，承蒙惠賜引
用，謹致謝忱）

國家圖書館出版品預行編目

催收達人の私房書. III, 催收常用書狀 105 例 /
呂元璋著. -- 一版. -- 臺北市：秀威資訊
科技, 2009.11
　　面；　　公分. --(商業企管類；PI0015）
BOD 版
ISBN 978-986-221-339-1 (平裝)

1.信用管理　　2.司法文書

563.1　　　　　　　　　　　98020162

 商業企管類　PI0015

催收達人の私房書 III
——催收常用書狀 105 例

作　　者 / 呂元璋
發 行 人 / 宋政坤
執行編輯 / 詹靚秋
圖文排版 / 黃莉珊
封面設計 / 陳佩蓉
數位轉譯 / 徐真玉　沈裕閔
圖書銷售 / 林怡君
法律顧問 / 毛國樑　律師
出版發行 / 秀威資訊科技股份有限公司
　　　　　　臺北市內湖區瑞光路 583 巷 25 號 1 樓
　　　　　　電話：02-2657-9211　　傳真：02-2657-9106
　　　　　　E-mail：service@showwe.com.tw

2009 年 11 月 BOD 一版
定價：290 元

讀者回函卡

感謝您購買本書，為提升服務品質，請填妥以下資料，將讀者回函卡直接寄回或傳真本公司，收到您的寶貴意見後，我們會收藏記錄及檢討，謝謝！
如您需要了解本公司最新出版書目、購書優惠或企劃活動，歡迎您上網查詢或下載相關資料：http:// www.showwe.com.tw

您購買的書名：_____

出生日期：_____年_____月_____日

學歷：□高中 (含) 以下　　□大專　　□研究所 (含) 以上

職業：□製造業　□金融業　□資訊業　□軍警　□傳播業　□自由業
　　　□服務業　□公務員　□教職　　□學生　□家管　　□其它_____

購書地點：□網路書店　□實體書店　□書展　□郵購　□贈閱　□其他

您從何得知本書的消息？

　□網路書店　□實體書店　□網路搜尋　□電子報　□書訊　□雜誌
　□傳播媒體　□親友推薦　□網站推薦　□部落格　□其他_____

您對本書的評價：（請填代號　1.非常滿意　2.滿意　3.尚可　4.再改進）

　封面設計____　版面編排____　內容____　文／譯筆____　價格____

讀完書後您覺得：

　□很有收穫　□有收穫　□收穫不多　□沒收穫

對我們的建議：_____

_____

_____

_____

11466
台北市內湖區瑞光路 76 巷 65 號 1 樓

秀威資訊科技股份有限公司　　　收

BOD 數位出版事業部

....

（請沿線對折寄回，謝謝！）

姓　　名：＿＿＿＿＿＿＿＿　年齡：＿＿＿＿　性別：□女　□男

郵遞區號：□□□□□

地　　址：＿＿＿＿＿＿＿＿＿＿＿＿＿＿＿＿＿＿＿＿＿＿

聯絡電話：(日)＿＿＿＿＿＿＿＿＿＿　(夜)＿＿＿＿＿＿＿＿＿

E-mail：＿＿＿＿＿＿＿＿＿＿＿＿＿＿＿＿＿＿＿＿＿